The Blue Book on the Adjustment of Industrial Structure in China (2017-2018)

2017-2018年

中国产业结构调整

蓝皮书

中国电子信息产业发展研究院　编著

主　编／王　鹏

副主编／郑长征

人民出版社

责任编辑：邵永忠

封面设计：黄桂月

责任校对：吕　飞

图书在版编目（CIP）数据

2017–2018 年中国产业结构调整蓝皮书／王鹏 主编；中国电子信息产业发展研
究院 编著．—北京：人民出版社，2018.9

ISBN 978－7－01－019866－8

Ⅰ.①2… Ⅱ.①王… ②中… Ⅲ.①产业结构调整—研究报告—中国—
2017－2018 Ⅳ.①F121.3

中国版本图书馆 CIP 数据核字（2018）第 223948 号

2017–2018 年中国产业结构调整蓝皮书

2017–2018 NIAN ZHONGGUO CHANYE JIEGOU TIAOZHENG LANPISHU

中国电子信息产业发展研究院 编著

王鹏 主编

人民出版社出版发行

（100706 北京市东城区隆福寺街 99 号）

北京市燕鑫印刷有限公司印刷　新华书店经销

2018 年 9 月第 1 版　2018 年 9 月北京第 1 次印刷

开本：710 毫米×1000 毫米 1/16　印张：13.75

字数：220 千字　印数：0,001—2,000

ISBN 978－7－01－019866－8　定价：55.00 元

邮购地址　100706　北京市东城区隆福寺街 99 号

人民东方图书销售中心　电话（010）65250042　65289539

前　言

2017 年，全球经济和政治形势复杂多变，中国经济发展形势稳中向好，国民生产总值的增速达到 6.9%，实现了过去 7 年以来的首次提速。我国经济总量在超过 10 万亿美元的基数上实现提速，得益于供给侧结构性改革的不断深化。工业和信息通信领域的创新创业活动高度活跃，人工智能、共享经济等产业热点全球瞩目，"去产能、去库存、去杠杆、降成本、补短板"等重点工作成果进一步巩固提升，生产要素的全球配置能力不断增强。为确保 2020 年全面建成小康社会，中央提出了"防范化解重大风险、精准脱贫、污染防治"三大攻坚战。产业结构调整工作，在三大攻坚战中都发挥至关重要的作用，需要不断做细、抓实。工业和信息化部积极开展产业政策研究，进一步优化产业政策体系，推动工业设计健康发展，淘汰落后与化解过剩产能，加快产业组织结构和空间布局优化，营造公平竞争环境，完成了产业政策领域的各项工作任务。

第一，创新思路，加强产业政策研究工作。落实中央经济工作会议关于"产业政策要准"的要求，研究制订《关于新时期加强产业政策工作的意见》，明确新时期产业政策的重点和方向。印发《工业和信息化部产业政策工作管理办法》，明确部内产业政策制修订、实施、监督、评估等各个环节的要求，形成全过程管理。

第二，多点发力，推动服务型制造和生产性服务业发展。深入贯彻落实《中国制造 2025》"1 + X"体系，积极推动服务型制造发展。遴选出首批服务型制造示范企业 30 个、示范项目 60 个，示范平台 30 个；持续组织"服务型制造万里行"政策宣贯和经验交流活动，指导举办首届中国服务型制造大会；组织成立中国服务型制造联盟，形成企业、科研院所、高等院校、金融机构和媒体等多方力量共同支撑发展的局面。新认定 47 家国家级工业设计中心，目前，国家级工业设计中心已达 110 家；研究形成国家工业设计研究院建设初步方案和标准要求；指导举办首届中国工业设计展览会，构建起中国工业设计发展成果的展示、发布的窗口和产业交流合作的平台；积极推进第二届世界工业设计大会筹备工作；与德国、意大利相关组织、高校、企业开展中德、中意工业设计中心建设工作。通过上述工作，制造与服务协调融合发展水平进一步提高，设计创新对中国制造转型升级的支撑作用不断增强。

第三，完善机制，把依法依规淘汰落后产能落到实处。联合淘汰落后产能工作部际协调小组成员单位，印发《关于利用综合标准依法依规推动落后产能退出的指导意见》，明确了"十三五"期间淘汰落后产能工作的总体要求、主要任务、政策措施和部门职责，实现工作方式由主要依靠行政手段，向综合运用法律法规、经济手段和必要行政手段转变。界定标准由主要依靠装备规模、工艺技术标准，向环保、质量、安全、能耗、技术等综合标准转变，构建多部门按职责协同推进工作机制和落后产能法治化、市场化退出长效机制。

第四，面向企业，加快产业组织结构调整。充分发挥政策导向作用，创新工作方法，完善工作机制，切实推动产业组织结构优化调整。一是会同有关单位组织召开2017年全国企业管理创新大会，发布了第23届企业管理现代化创新成果，对重点成果进行交流推广。二是组织开展"向企业送管理"等活动，开展了7期现场交流会，累计参会企业近650家，培训企业管理人员1200余人。三是开展海尔"人单合一"管理模式总结提炼工作并予以借鉴推广。四是遴选出第二批制造业单项冠军企业71家、单项冠军培育企业20家、单项冠军产品35个。五是开展企业兼并重组政策评估工作，分析相关政策贯彻落实情况和实施效果，提出政策完善措施。

第五，谋篇布局，落实国家区域协调发展战略，推动产业合理有序转移和布局优化调整。一是印发《长江经济带产业转移指南》，编制《长江经济带市场准入负面清单（产业发展部分）》，修订《产业转移指导目录（2012年本）》，印发《关于修订〈产业转移指导目录（2012年本）〉甘肃省部分条款的决定》，加强对产业发展的引导和规范，着力促进区域协调发展。二是推动跨区域产业共建合作，遴选产业转移合作示范园区。三是支持京津冀开展产业转移对接，指导举办京津冀产业协同发展招商推介专项活动，现场签署10个重点项目意向框架协议，意向投资额311.7亿元。指导和推动雄安新区做好产业门槛设置、疏解和转型升级工作。

第六，试点先行，推动工业文化加快发展。贯彻落实《关于促进工业文化发展的指导意见》，细化任务分工，加强与各地工业和信息化主管部门协同合作，积极推动各项重点任务落实。在工业遗产项目丰富且保护工作基础较好的辽宁、浙江、江西、山东、湖北、重庆和陕西等7省（市）开展认定试点，认定11项国家工业遗产。

第七，深化改革，开展政策文件公平竞争审查和反垄断审查，营造公平竞争的市场环境。为建设统一开放、竞争有序市场体系，确保政策文件符合公平竞争要求，组织完成了41项政策文件公平竞争审查和62项经营者集中反垄断调查工作，并会同相关部门就部分重点案件组织召开专题座谈会进行研究，对促进公平竞争发挥了积极作用。

2018年，产业政策工作将围绕学习贯彻落实党的十九大和中央经济工作会议精神，以习近平新时代中国特色社会主义思想为指导，按照党中央、国务院关于推动高质量发展、建设现代化经济体系的重大决策部署，以推进供给侧结构性改革为主线，落实"中国制造2025"和建设制造强国、网络强国战略。准确把握新时代产业政策工作的总体要求，加强产业政策与财政、货币、区域、自然资源、生态环境等政策的协调配合；准确研判国际形势、全面把握国内形势，明确新时代产业政策的主攻方向，建设创新引领、融合协同、彰显优势、区域协调、资源节约、环境友好、多元平衡、安全高效、体现效率、促进公平的现代化产业体系。在具体工作中，着重在研究预警、执行监督和政策评估三方面补齐短板，建立产业链布局等一批政策储备，确保已有各项政策全面落地，完善产业政策效果评估和动态调整机制。

在我国产业结构调整的新征程上，2018年应继续巩固已有成果，大力攻坚克难，需要结合国际形势、国内任务，对前一阶段工作进行系统的总结回顾，提炼我国各级政府部门在产业政策探索中的有益经验，提出下一阶段的新思路、新举措、新方式。《2017—2018年中国产业结构调整蓝皮书》是本年度赛迪智库工业和信息化蓝皮书系列的重要部分。本书分别从优化产业组织结构、促进产业技术升级、化解产能过剩矛盾、淘汰落后产能、产业转移和优化布局等方面，以及相关重点产业领域的角度，详细分析了2017年我国产业结构调整的政策措施和工作成效，提出了相应的政策建议，并对2018年的工作进行展望和研判。希望本书的出版能够对各级政府部门贯彻落实国家产业政策、制定具体措施方案提供指导和帮助,对产业政策领域的学术研究、管理实践有所助益。

目　　录

产 业 篇

展 望 篇

综 述 篇

第一章 2017 年我国产业结构调整的主要进展

2017 年，党的十九大胜利召开，对我国经济社会发展具有里程碑意义。在这一年中，确立了习近平新时代中国特色社会主义思想的历史地位，各地区各部门认真贯彻落实新理念、新思想、新战略，坚持以提高发展质量效益为中心，深入推进供给侧结构性改革，加快新兴产业的培育和发展，全面深入实施《中国制造 2025》，全面实现了我国经济社会发展预期目标，不断推动我国产业结构迈向中高端，开启了高质量发展时代新征程。

一、供给侧结构性改革取得显著成效

2017 年，供给侧结构性改革全面深入实施，改革成效显著。一是"去产能"任务圆满完成，产能利用率显著提升。煤炭、钢铁行业圆满完成全年化解过剩产能目标，全国工业产能利用率为 77.0%，比上年提高 3.7 个百分点，创 5 年新高。[①] 其中，煤炭开采和洗选业产能利用率为 68.2%，比上年提高 8.7 个百分点；黑色金属冶炼和压延加工业产能利用率为 75.8%，提高 4.1 个百分点。重点过剩产品产量增速有所减缓，2017 年全国水泥产量 231625 万吨，比上年下降 0.2%，回落 2.7 个百分点；平板玻璃产量 79024 万重量箱，增长 3.5%，回落 2.3 个百分点。[②] 二是主要产品价格回升，市场主体信心进一步增强。2017 年工业生产者出厂价格比上年上涨 6.3%，结束了自 2012 年以来连续 5 年下降的态势。受钢铁去产能工作深入推进、"地条钢"全面取缔、采暖季错峰生产和市场需求回升等因素影响，2017 年钢材价格大幅上涨，2017 年 12 月底，中国钢材价格指数为 121.8 点，比年初上升 22.3 点，涨幅

---

① 数据来源：国家统计局。

② 数据来源：国家发展改革委。

22.4%，水泥、平板玻璃价格均走出上涨态势，P.O42.5 散装水泥和平板玻璃（原片）平均价格同比上涨 43.1% 和 6.8%。三是重点省份在"三去一降一补"方面持续发力。全国大部分省份都将"去产能"作为近两年的工作重点。河北省全年共压减炼钢产能 2555 万吨、炼铁 2066 万吨、煤炭 1125 万吨、水泥 261 万吨、平板玻璃 500 万重量箱、焦炭 808 万吨、火电 68.4 万千瓦，全面取缔"地条钢"，"6643"工程超额完成。[①] 山东全年压减粗钢产能 527 万吨、生铁产能 175 万吨、煤炭产能 351 万吨，超额完成国家下达的目标任务，妥善分流安置去产能企业职工 4.12 万人。[②]

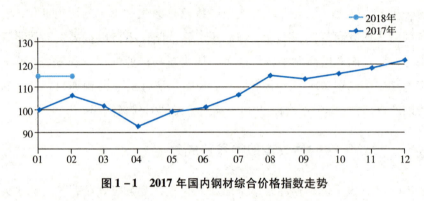

图 1-1　2017 年国内钢材综合价格指数走势

资料来源：中国钢铁工业协会，2018 年 3 月。

二、工业发展的质量效益得到改善

党的十九大报告指出，我国经济已由高速增长阶段转向高质量发展阶段，正处在转变发展方式、优化经济结构、转换增长动力的攻关期。2017 年，我国工业运行稳中向好的格局进一步巩固，工业发展的质量效益得到进一步提升。在经历连续两年弱景气区间之后，2017 年中经工业景气指数明显回升，4 个季度均位于 120 以上的正常景气区间。[③] 具体表现：一是企业综合成本有所下降。2017 年末规模以上工业企业资产负债率为 55.5%，比上年末下降 0.6

---

① 数据来源：河北省 2018 年政府工作报告。
② 数据来源：山东省 2018 年政府工作报告。
③ 中经工业景气指数由经济日报社中国经济趋势研究院、国家统计局中国经济景气监测中心、中国社科院数量经济与技术经济研究所共同发布。

个百分点。全年规模以上工业企业每百元主营业务收入中的成本为 84.92 元，比上年下降 0.25 元。全员劳动生产率（以 2015 年价格计算）比上年提高 6.7%。二是企业盈利能力得到改善。2017 年规模以上工业企业实现利润 75187 亿元，比上年增长 21.0%，增速比上年加快 12.5 个百分点。分门类看，采矿业实现利润 4587 亿元，比上年增长 2.6 倍；制造业 66511 亿元，增长 18.2%；电力、热力、燃气及水生产和供应业 4089 亿元，下降 10.7%。全年全员劳动生产率为 101231 元/人，比上年提高 6.7%。三是工业产品质量持续提升。根据质检总局数据，2017 年全年制造业产品质量合格率为 93.71%。通过对全国 130 个种类、198 种重点产品开展质量攻关，主要日用消费品国家监督抽查合格率达到 91.9%，出口工业产品国外退货批次同比下降 9.36%。

三、高技术产业拉动结构升级作用增强

随着高技术产业规模的不断扩大，其对产业结构调整的引领、带动作用不断增强，经济增长新动能加快形成。2017 年，高技术制造业和装备制造业增加值分别比上年增长 13.4% 和 11.3%；分别占规模以上工业的比重达到 12.7% 和 32.7%。制造业投资结构不断优化，高技术投资、技改投资增长加快。2017 年高技术产业投资比上年增长 15.9%，工业技术改造投资增长 16.3%，增速分别比固定资产投资（不含农户）快 8.7 和 9.1 个百分点；高耗能行业投资低速增长，石化、冶金、建材等分别增长 -2.3%、0.1% 和 1.6%，较 2016 年下降了 1.3、0.8 和 0.5 个百分点。① 从行业大类看，汽车制造、通信设备、计算机和其他电子设备制造业、专用设备制造业、通用设备制造业、医药制造业、仪器仪表制造业、电气机械及器材制造业为代表的先进制造业加快发展，2017 年底以上行业制造业增加值累计增速分别达到 12.2%、13.8%、11.8%、10.5%、12.4%、12.5% 和 10.6%，分别高出工业增加值增速 5.6、7.2、5.2、3.9、5.8、5.9 和 4.0 个百分点，成为拉动工业结构升级的重要增长极。尤其是通信设备、计算机及其他电子设备制造业，2017 年固定资产增速达到 25.30%，高于工业投资 20 个百分点以上，显示出

① 数据来源：国家发展改革委。

新型智能化、自动化设备和高端信息电子产品等新兴工业产品增长潜力的逐渐释放，成为引领产业结构升级的新引擎。

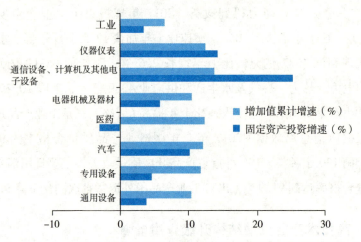

图1-2　2017年主要大类行业累计增加值和固定资产投资增速

资料来源：国家统计局，2018年3月。

四、创新成为结构升级的主要驱动力

党的十九大报告明确指出，创新是引领发展的第一动力，是建设现代化经济体系的战略支撑。随着创新驱动发展战略的落实，2017年发布《国家技术转移体系建设方案》，促进科技成果资本化产业化，提升国家创新体系整体效能，激发全社会创新创业活力，促进科技与经济紧密结合。2017年7月，工信部发布《省级制造业创新中心升级为国家制造业创新中心条件》，在高档数控机床、集成电路先进工艺、数字化设计与制造等前沿科技领域推进国家级制造业创新中心建设。2017年6月15日，"2017年全球创新指数"在瑞士日内瓦发布，中国继2016年首次跻身25强之后，又提升3名，排名第22位。在创新质量上，中国排名第16位，已连续5年成为中等收入国家创新排行的"领头羊"，与高收入经济体的差距进一步缩小，并且正在向世界领先水平迈进。

一是企业作为最重要的创新主体，研发投入持续增加。2017年，1276家国家企业技术中心共投入研发经费5096.8亿元，比上年增长9%；其中，制造业技术中心投入研发经费3978.8亿元，占全部技术中心研发经费的比重为

78.1%；对技术中心研发经费增长的贡献率达到71%，比上年提高10个百分点。二是新产品开发成效显著。2017年，技术中心所在企业的新产品开发经费支出为4316.9亿元，比上年增长9.6%，增速比上年回落0.5个百分点。全年实现新产品销售收入79042亿元，比上年增长11%；占主营业务收入比重为34%，比上年提高0.4个百分点。2017年新产品销售收入超百亿元的企业达到156家，比上年增加16家；近一半企业的新产品销售收入占主营业务收入比重超过60%。三是工业诸多领域尤其是高端装备领域，创新带来了行业的突破性进展。如国产大飞机C919成功首飞，世界最大的散货船40万吨超大型矿砂船（VLOC）顺利出坞，"墨子号"量子卫星在国际上率先成功实现千公里级星地双向两字纠缠分发。一方面，国内制造业转型升级和国产化替代加快推进，一批重大装备得到工程化、产业化应用；另一方面，国外对中国装备和品牌的认同度不断提高。高端装备制造所面临的市场需求进一步释放，高铁、核电、卫星应用等高端装备逐渐成为中国装备制造的"新名片"享誉世界。工业技术创新助推从数量扩张向质量提升转变，成为实现新旧动能转换、产业迈向价值链中高端水平的强大动力。

图1-3　规模以上工业企业办研发机构数与有研发活动企业占比情况

资料来源：《2017年中国统计年鉴》。

五、区域协同发展格局进一步优化

2017 年，京津冀协同发展、长江经济带、"一带一路"以及东北地区振兴等区域发展战略继续深入实施，极大促进了我国国内外区域产业合作，拓展了产业发展新空间，"中国制造 2025"国家级示范区的建设推动优质资源要素集聚，为我国产业结构调整和产业升级注入了新活力。

西部地区承接产业转移加快。2017 年，全国固定资产投资（不含农户）631684 亿元，比上年增长 7.2%。其中，西部地区投资 166571 亿元，增长8.5%，高于全国 1.3 个百分点；东部地区投资同比增长 8.3%，中部地区同比增长 6.9%。东北地区振兴战略深入实施，工业经济增长回升企稳。2017年，东北地区固定资产投资结束 2016 年 23.5% 的负增长，实现了 2.8% 的增幅，达到 30655 亿元。2017 年 12 月，辽宁、吉林、黑龙江工业增加值累计增速达到 4.4%、5.5%、2.7%，而在 2016 年分别为－15.2%、6.3%、2.0%，回稳向好态势更加明显，特别是辽宁省主要经济指标均由负转正，经济增速结束了连续两年全国垫底的局面，筑底回升趋势明显。

京津冀协同发展取得阶段性成效。2017 年，京津冀三地全面落实《京津冀协同发展规划纲要》，在交通、生态环保、产业三个重点领域实现率先突破，京津冀协同发展 116 项年度重点任务基本完成，一批产业项目建成投产。交通方面，京唐城际铁路、津石高速公路开工建设，国家高速公路网 7 条首都放射线北京段全部建成，新机场航站楼封顶封围；生态环保方面，新增京冀生态水源保护林 50 万亩，实现区域空气重污染联防联控，空气质量明显改善；产业方面，2015 年以来三地技术合同成交额近 470 亿元，构建起产业转移承接重点平台。2017 年 4 月 1 日，中共中央、国务院决定设立河北雄安新区，目前雄安新区规划建设在稳步推进，雄安新区与北京城市副中心共同构筑首都发展的两翼。

长江经济带推动产业梯度转移。长江经济带覆盖了 11 个省市，人口在全国的占比接近 43%，地区生产总值占全国的 44%。针对目前经济带上产业结构和布局不合理的问题，2017 年 7 月，工业和信息化部联合国家发展改革委、科技部、财政部、环境保护部共同发布了《关于加强长江经济带工业绿色发展的指导意见》，并一同发布了《长江经济带产业转移指南》，重点打造长江三角洲、长江中游、成渝、黔中和滇中等五大城市群产业发展圈，依托长江这一黄金水道，重点培育电子信息产业、高端装备产业、汽车产业、家电产业和纺织服装产业等五大世界级产业集群，进而承建覆盖长江经济带全域的产业链，并促进产业逆长江而上梯度发展。

共建"一带一路"取得积极成效。2017年，"一带一路"建设进入全面务实合作新阶段。贸易往来持续扩大，全年我国与"一带一路"沿线国家进出口总额73745亿元，比上年增长17.8%。双向合作不断深化，全年我国企业对沿线国家承包工程业务完成营业额855亿美元，比上年增长12.6%，占对外承包工程业务完成营业额比重为50.7%；沿线国家对华直接投资新设立企业3857家，增长32.8%。货物贸易总额创历史新高，我国货物进出口总额277923亿元，比上年增长14.2%，进出口规模有望重回世界首位。吸收外资规模较快增长，全年实际使用外商直接投资金额增长7.9%，增速比上年加快3.8个百分点。"一带一路"成为中国带动整个欧亚地区发展的重要引擎。

六、国内优势企业助推产业结构升级

制造业是国家经济的支柱，制造业企业是工业经济发展的重要支撑。2017年，以我国大型制造业企业为代表的"中国制造"的实力不断提升，为我国制造业升级提供了坚实基础。2017年9月，中国企业联合会、中国企业家协会发布"2017中国企业500强"，其中制造业企业有245家，企业数量占到49%。245家企业合计营业收入24.07万亿元，较上年500强中的制造业企业营业收入总额提高了5.25%；实现净利润5493.10亿元，占500强净利润总额的19.42%，较上年提高了近2.34个百分点，一改过去5年净利润占比连续下降态势。从近4年500强榜单变化来看，共有118家企业进出榜单。退榜企业基本上都是黑色冶金、建筑业、煤炭采选业等传统产业，新进榜单企业不少是互联网服务、电力电气设备制造、多元化投资等领域企业，在一定程度上呈现出新旧动能转换的发展趋势。同时，新产业发展后劲十足。以互联网企业为代表的企业发展势头依然强劲，也成为中国经济近10年来发展的亮点。京东、阿里巴巴、腾讯经过2016年的超高速成长（50%左右的营业收

入增长率），全部进入 2017 企业 500 强。另外，从中国制造企业协会公布的
"2017 中国装备制造业 100 强"来看，整体趋稳向好，轨道交通装备、增材
制造、通用航空等将成为新增长亮点，大型优势企业正在引领我国的制造业
结构升级。

七、新业态新模式加快成长为新动能

2017 年，两化融合进入发展快车道，带来了新业态新模式的快速成长，
助推制造业转型升级。党的十九大报告中明确，两化融合的总体要求是促进
工业化、信息化同步发展，总目标是建设制造强国，发展方向是加快先进制
造业，发展路径是推动互联网、大数据、人工智能和实体经济深度融合。国
务院发布《关于深化制造业与互联网融合发展指导意见》，使我国两化融合站
在了新的起点上，制造业与互联网融合发展迈进新技术驱动、新体系构建、
新范式形成、新模式涌现的新阶段。

互联网推动制造业"双创"资源加速集聚，制造业骨干企业"双创"平
台普及率已达 60% 以上，海尔、航天云网等企业"双创"平台在制造资源汇
聚、专业能力输出、模式创新等方面取得积极进展，促进了制造业生产和服
务资源在更大范围内实现更高效率和更加精准的优化配置。互联网加速向零
售渗透，阿里巴巴、京东等众多线上企业加快布局实体零售店，推出了盒马
鲜生、京东之家等新型零售方式，通过应用人脸识别、自动结账、手机付款
等技术，重构传统零售环节。物联网进入新一轮大规模部署和应用期。2017
年，我国车联网、智能硬件、M2M（机器到机器）、智能电网等领域接入物联
网平台的设备爆炸式增长，目前我国已部署的 M2M 终端数量突破 1 亿，成为
全球最大的 M2M 市场。2017 年，互联网龙头企业通过加快布局人工智能，提
升自身主营业务供给能力，有实力的互联网企业纷纷加快研究院和实验室建
设，百度、腾讯、阿里巴巴先后推出了 Duer OS、Apollo、AI in Car、EI 等开
放平台，围绕智能家居、无人驾驶、城市管理、医疗服务、工业生产等领域
打造产业生态圈。工业企业加快上云步伐。2017 年，越来越多的企业开始将
研发设计类工具、核心业务系统、底层的设备和产品向云端迁，从而降低
企业的运营成本，提高企业运行效率和制造能力。中国商飞构建基于工业

云的飞机研制系统平台，推动遍布全球的包括集体结构供应商、系统供应商、零件及材料供应商等近 150 个一级供应商之间进行数据交互，基于单一数据源实现协同设计、协同制造。智能化产品加快市场化布局。2017 年全年新能源汽车产量 69 万辆，比上年增长 51.2%；智能电视产量 9666 万台，增长 3.8%；工业机器人产量 13 万台（套），增长 81.0%；民用无人机产量 290 万架，增长 67.0%。[①]

工业互联网平台、工业大数据、人工智能、工业云等新型工业基础设施加快构建，制造业数字化、网络化、智能化水平稳步提升，推动制造业转型升级。同时，"互联网＋"带来的共享经济、平台经济、数字经济广泛渗透，正在深刻改变社会生产生活方式，也加速形成产业发展的新动能。

① 数据来源：国家统计局。

专题篇

第二章 优化产业组织结构

优化产业组织结构是促进产业高质量发展和结构调整的重要举措。深入推进企业兼并重组，我国工业企业经济效益、资源配置效率、规模效益和国际竞争力均有明显提升，但也存在着制造业国际竞争力提升缓慢，国有企业资产配置效益较低等诸多问题和挑战。

第一节 2017 年企业兼并重组基本情况

贯彻落实企业兼并重组相关政策，我国工业企业整体和上市公司兼并重组均取得积极进展，固定资产投资格局调整不断深化。

一、以培育世界一流企业为导向推进兼并重组

党的十九大报告提出，加快国有经济战略性重组。深化国有企业改革，发展混合所有制经济，培育具有全球竞争力的世界一流企业。2017 年，优化产业组织结构，推进企业兼并重组工作重点围绕五方面展开。一是扎实有效去产能。要求有效处置"僵尸企业"，推动企业兼并重组。二是深入推进国企国资改革。2017 年要基本完成公司制改革。深化混合所有制改革。三是更好激发非公有制经济活力。深入落实支持非公有制经济发展的政策措施。鼓励非公有制企业参与国有企业改革。四是持续推进大众创业、万众创新。五是扎实推进"一带一路"建设，深化国际产能合作。

二、工业企业兼并重组概况

制造企业总量略有增加。2017 年底，全国工业企业合计 385369 个[1]，增加 6227 个，同比增长 1.6%。其中，制造业企业 361863 个，占工业企业总数的 93.9%，比上年增加 6465 个，同比增加 1.8%。

按登记注册类型分，除国有控股和股份合作工业企业数量略有增加外，其余类型工业企业数量均大幅减少。国有、国有控股、集体、股份合作、股份制、私营、外商及港澳台投资、其他工业企业分别为 2372 个、18806 个、2111 个、962 个、314273 个、222473 个、49911 个和 15740 个，分别同比增加 -20.0%、1.0%、-14.9%、-14.6%、3.9%、3.7%、-3.7% 和 -13.6%。

按企业规模分，大中型工业企业略有减少，小型工业企业略有增加。2017 年底，全国大中型工业企业和小型工业企业各 62700 个和 322669 个，分别占工业企业总数的 16.3% 和 83.7%。其中，相比 2016 年，大中型工业企业减少 674 个，同比减少 1.1%；小型工业企业增加 6901 个，同比增加 2.2%。大中型国有控股工业企业 7539 个，占工业企业总数的 2.0%，比上年减少 266 个，同比减少 -3.4%。

三、上市公司兼并重组进展[2]

上市公司并购整体热度不减。2017 年，共完成并购 4207 家次，交易总金额 16736 亿元，分别同比增长 38.6% 和 0.1%。

境内并购占比高，境外并购增长快。2017 年，上市公司境内并购 4069 家次，交易金额 13557 亿元，分别占并购总量的 96.7% 和 81.0%，分别同比增长 43.2% 和 -4.9%。出境并购 110 家次，交易金额 2632 亿元，分别占并购总量的 2.6% 和 15.7%，分别同比增长 -37.9% 和 10.9%。入境并购 10 家次，交易金额 216 亿元，分别占并购总量的 0.2% 和 1.3%，分别同比增长 -9.1% 和 241.7%。境外并购 18 家次，交易金额 331 亿元，分别占并购总量

---

① 如无特别说明，原始数据均来源于国家统计局，赛迪智库分析整理。
② 数据来源于 Wind 数据库。

的 0.4% 和 2.0%，分别同比增长 200.0% 和 1046.3%。

制造业和通信业海外并购持续活跃。《华夏时报》评选出的 2017 十大海外并购中，制造业并购占到了 6 家次，其中，医药 2 家，农药、汽车、食品、家电各 1 家。六大制造业海外并购分别为：三胞集团 8.19 亿美元收购美国生物医药公司 Dendreon 全部股权。中国化工集团 430 亿美元并购全球第一大农药、第三大种子农化高科技公司瑞士先正达 94.7% 的股份。均胜电子意向并购日本高田。三元股份和复星集团 6.25 亿欧元收购法国健康食品公司 St - Hubert。复星医药以 10.91 亿美元并购印度第一家获得美国 FDA 批准的注射剂药品生产制造企业 Gland Pharma 74% 的股权。海信集团耗资 129 亿日元抄底东芝全球电视业务，拥有东芝映像解决方案公司 95% 的股权。另据《华夏时报》等评选出的 2017 "一带一路" 十大并购案例中，除医药领域的复星医药并购印度 Gland Pharma 外，另有 3 个并购案例入选，分别是：上汽收购通用印度 Halol 工厂，上汽计划未来五年投资 200 亿卢比，将于 2019 年开始投产，年产能在 5 万—7 万辆之间。阿里巴巴 10 亿美元增持东南亚电商 Lazada，股权比例由 51% 增至 83%。中国进出口银行旗下投资基金联合中东欧国家的机构投资者，以 2.02 亿欧元的企业估值收购匈牙利电信公司 Invitel 集团。

四、固定资产投资格局调整不断深化

国有和私营工业企业固定资产投资占比高、增幅大。2017 年 1—12 月，工业企业固定资产投资 63.168 万亿元，累计增长 7.2%。其中，内资固定资产投资 60.455 万亿元，占 95.704%。国有、集体、股份合作、国有独资公司、私营企业、港澳台商和外商固定资产投资分别为 13.954 万亿元、0.769 万亿元、0.098 万亿元、4.010 万亿元、20.518 万亿元、1.356 万亿元和 1.132 万亿元，分别占工业企业固定资产投资总额的 22.091%、1.218%、0.155%、6.497%、32.481%、2.147% 和 1.792%，分别累计增长 9%、−13.2%、−10.3%、22.1%、11.2%、−4% 和 −2.7%。按登记注册类型分的固定资产投资及累计增长率见图 2−1。

制造业固定资产投资稳步增长。2017 年 1—12 月，制造业固定资产投资

19.362 万亿元，累计增长 4.8%。

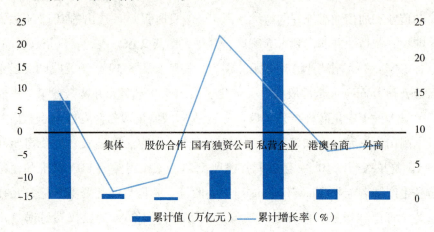

图 2-1　2017 年按登记注册类型分的固定资产投资及累计增长率

资料来源：国家统计局。

第二节　2017 年企业兼并重组效果评估

企业兼并重组可实现资源配置优化调整和企业发展质量效益的变化。因此，企业经济效益和资产配置效益变化可一定程度反映企业兼并重组成效。

一、工业企业经济效益整体明显增长

工业企业经济效益整体提高。2017 年，工业企业主营业务收入和利润总额为 116.462 万亿元和 7.519 万亿元，同比增长 11.078% 和 21.042%。主营业务收入利润率 6.456%，同比增长 8.970%，反映企业主营业务获利能力有所提高。成本费用利润率 6.965%，同比增长 9.492%，反映企业经济效益明显增长。总资产贡献率 7.713%[①]，同比增长 10.770%，说明企业全部资产获利能力明显提升。

工业企业经济效益差异显著。股份制工业企业主营业务收入和利润占工

---

① 不含税金，下同。

业整体比重最高。其次是私营工业企业，国有及国有控股工业企业第三，外商和港澳台商投资工业企业第四，集体工业企业和股份合作工业企业最低。各类工业企业经济效益差异明显。国有工业企业经济效益低于平均水平，同比增长率远超平均水平。其中，国有控股工业企业经济效益接近平均水平，同比增长远超平均水平。集体工业企业经济效益略高于平均水平，但各指标同比均下降。股份合作工业企业经济效益接近平均水平，同比增长远低于平均水平。股份制工业企业经济效益略低于平均水平，同比增幅略高于平均水平。私营工业企业经济效益总体接近平均水平，增幅远低于平均水平。外商和港澳台投资工业企业经济效益略高于平均水平，同比增幅略低于平均水平。其他工业企业经济效益高于平均水平，但各指标均明显下降。国有及国有控股工业企业经济效益增幅最大。其次是股份制工业企业，第三是外商和港澳台投资工业企业，私营工业企业第四，集体工业企业经济效益全面下滑，整体经济效益最低。国有及国有控股工业企业和股份工业企业经济效益增幅超过工业平均水平。按注册类型分，工业企业主营业务收入和利润占比、经济效益和经济效益增长率见图2-2至图2-4。

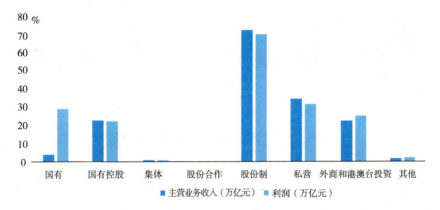

图2-2 按注册类型分工业企业主营业务收入和利润占比

资料来源：国家统计局。

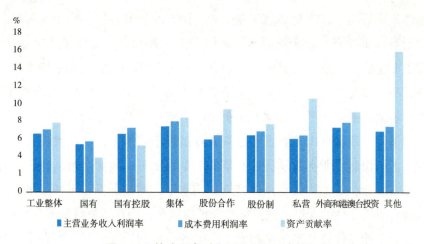

图2-3　按注册类型分工业企业经济效益

资料来源：国家统计局。

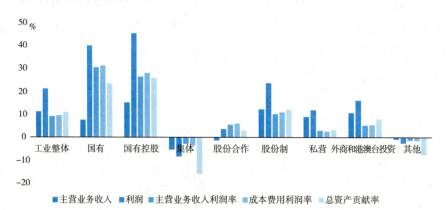

图2-4　按注册类型分工业企业经济效益增长率

资料来源：国家统计局。

　　按注册类型分，工业企业增加值差异较大。2017年1—12月，国有及国有控股企业、私营企业、股份制企业、外商及港澳台投资企业增加值分别累计增长6.5%、5.9%、6.6%和6.9%；集体企业和股份合作企业增加值分别累计增长0.6%和-4.6%。各注册类型工业企业增加值同比增长幅度见图2-5。

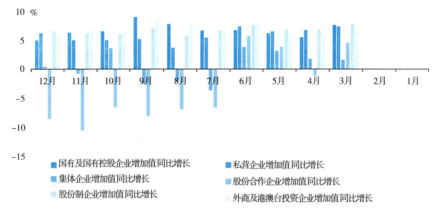

图 2 – 5　2017 年不同注册类型工业企业增加值同比增长率

资料来源：国家统计局。

大中型工业企业经济效益增长较快。大中型工业企业经济效益接近平均水平，经济效益指标增幅均高于平均水平。2017 年，大中型工业企业兼并重组后企业总数减少，主营业务收入和利润分别为 72.940 万亿元和 5.032 万亿元，分别同比增长 12.615% 和 26.979%。主营业务收入利润率、成本费用利润率和总资产贡献率分别为 6.898%、7.503% 和 7.393%，分别同比增长12.755%、13.560% 和 15.614%。其中，大中型国有控股工业企业经济效益总体略低于平均水平，但各经济效益指标增幅均高于平均水平。2017 年，大中型国有控股工业企业兼并重组后企业总数减少。主营业务收入和利润分别为 22.742 万亿元和 1.451 万亿元，分别同比增长 14.154% 和 49.574%。主营业务收入利润率、成本费用利润率和总资产贡献率分别为 6.382%、7.113% 和 5.169%，分别同比增长 31.029%、32.807% 和 29.449%。制造业经济效益有所提高。2017 年，制造业兼并重组后企业总数增加，各经济效益指标明显增长。主营业务收入和利润分别为 98.332 万亿元和 6.336 万亿元，分别同比增长 11.384% 和 18.978%。主营业务收入利润率、成本费用利润率和总资产贡献率分别为 6.444%、6.958% 和 8.538%，分别同比增长 6.818%、7.126% 和 8.619%。

二、工业企业资产配置效益有所提高

工业企业资产配置效益整体提高。2017 年，工业企业百元资产主营业务收入103.717元,同比增长3.879%。在工业企业总数增加的情况下,百元资产主营业务收入提高,说明兼并重组促进了资源整合和优化配置,提高了企业集中度和盈利能力。其中,制造业资产配置效益提高。2017年,制造业百元资产主营业务收入118.459元,同比增长3.216%。

资产配置效益国有企业最低,私营企业最高。除其他工业企业外,2017年,私营工业企业资产配置效益最高,股份合作工业企业次之,外商和港澳台商投资工业企业第三,股份制工业企业第四,集体工业企业第五,国有控股工业企业第六,国有工业企业最差,百元资产主营业务收入分别为159.595元、145.565元、115.338元、102.794元、100.150元、60.788元和60.417元,后四类工业企业资产配置效益均低于平均水平,国有及国有控股工业企业资产配置效益还不到私营企业的一半。

资产配置效益增长率国有控股企业最高,集体企业最低。除其他工业企业外,2017年,国有控股工业企业百元资产主营业务收入同比增长最高,股份制工业企业次之,外商和港澳台投资工业企业第三,国有工业企业第四,私营工业企业第五,股份合作工业企业和集体工业企业负增长,百元资产主营业务收入分别同比增长9.136%、4.597%、3.297%、1.670%、1.421%、-1.133%和-15.143%。除国有控股工业企业和股份制工业企业外,另外四类工业企业资产配置效益均低于平均水平。

大中型工业企业和大中型国有控股工业企业资产配置效益均低于平均水平,但增幅高于平均水平。2017年,大中型工业企业和大中型国有控股工业企业百元资产主营业务收入分别为92.330元、62.629元,分别同比增长5.591%和9.028%。

三、工业企业平均规模扩大盈利增长

工业企业平均主营业务收入和利润规模逐步扩大。2017年,工业企业平均主营业务收入和平均利润分别为3.022亿元和0.195亿元,分别同比增长9.283%和19.086%。制造业平均规模扩大。2017年,制造业平均主营业务收入和平均利润分别为2.717亿元和0.175亿元,分别同比增长9.394%和16.853%。

　　国有工业企业平均规模最大，股份合作工业企业平均规模最小。2017 年，除其他工业企业外，国有工业企业平均主营业务收入最高，国有控股工业企业次之，外商和港澳台投资工业企业第三，股份制工业企业和集体工业企业分列第四、五名，私营工业企业第六，股份合作工业企业最低，平均主营业务收入分别为 17.357 亿元、13.739 亿元、5.193 亿元、2.664 亿元、2.565 亿元、1.799 亿元和 1.143 亿元，规模最大的国有工业企业规模是最小的股份合作企业的 15.185 倍。除第四和第五名交换外，平均利润排序与平均主营业务收入排序相同，国有工业企业平均利润 0.917 亿元，国有控股工业企业 0.885 亿元，外商和港澳台投资工业企业 0.376 亿元，集体工业企业 0.189 亿元，股份制工业企业 0.167 亿元，私营工业企业 0.107 亿元，股份合作工业企业最低，仅 0.067 亿元，平均利润最高的国有工业企业是最低的股份合作工业企业的 13.687 倍。平均主营业务收入和平均利润排序后四位的工业企业规模低于工业平均水平。

　　国有工业企业平均规模扩张最快，私营工业企业平均规模扩张最慢。2017 年，除其他工业企业外，国有工业企业平均主营业务收入增长最快，股份合作工业企业次之，外商和港澳台投资工业企业第三，国有控股工业企业第四，集体、股份制和私营工业企业分列第五至第七，平均主营业务增长率分别为 34.167%、15.275%、14.559%、13.787%、11.117%、7.810% 和 4.912%。国有工业企业平均利润增长最快，达 74.847%，其次为国有控股工业企业，增长 43.631%，股份合作工业企业第三，增长 21.309%，外商和港澳台投资工业企业第四，增长 20.299%，股份制、私营和集体工业企业分列第五至第七，分别增长 18.847%、7.748% 和 7.593%。平均主营业务收入增长率排序第四至第七的工业企业，和平均利润增长率排序第五至第七的工业企业低于工业平均增长水平。

　　大中型工业企业和大中型国有控股工业企业平均主营业务收入和平均利润及其增速远高于平均水平。2017 年，大中型工业企业平均主营业务收入和平均利润分别为 11.633 亿元和 0.802 亿元，分别同比增长 13.826% 和 28.344%。大中型国有控股工业企业平均主营业务收入和平均利润分别为 30.166 亿元和 1.925 亿元，分别同比增长 18.181% 和 54.852%。

四、工业企业国际竞争能力持续提升

世界 500 强中国企业上榜数量连续 14 年增长。《财富》世界 500 强中国上榜公司数量继 2016 年达到 110 家后，2017 年达到了 115 家，已连续 14 年增长。中美世界 500 强上榜公司的数量差距继续缩小，与美国（2017 年 132 家，2016 年 134 家）的差距由上年的 24 家减少到 17 家。

地方国企或央企上榜企业占 80%。除了金融业，能源、炼油、采矿和房地产、工程与建筑业上榜最多。10 家中国公司首次上榜，大部分是民营企业。民营企业在整个榜单中所占的比例增至 20%，市场在资源配置中的决定性作用逐步显现。民营企业中，华为首次进入前百强，排名第 83 位，较 2016 年的第 129 位提升 46 位。

制造业和通信业上榜公司集中在汽车、家电和互联网服务领域。在汽车行业中，共有上海汽车集团股份有限公司（上汽，41 名）、东风汽车公司（东风汽车，68 名）、中国第一汽车集团公司（一汽，125 名）、北京汽车集团（北汽，137 名）、广州汽车工业集团（广汽，238 名）、浙江吉利控股集团（吉利，343 名）6 家车企上榜。家电行业中，美的（450 名）是 2016 年第一次上榜的中国家电企业，2017 年依然是唯一一家该行业上榜公司。互联网领域，阿里巴巴（462 名）和腾讯（478 名）2017 年首次上榜，京东集团（261 名）继 2016 年首次上榜后再次上榜，全球 6 家互联网服务大公司中国和美国各占一半，表明新型经济业态正在中国崛起。

第三节　面临的问题与挑战

一、世界级制造业企业培育不足

中国制造业和通信业上榜公司数量少、规模小、盈利弱、比重低、排名靠后。2017 年，虽然我国在世界 500 强上榜公司数量上仅次于美国，且差距相对上年缩小，但在主营业务规模和盈利能力上，我国上榜公司仍远低于美

国。汽车行业上榜公司排名不高，家电业排名靠后，互联网服务领域上榜公司数量与美国相同，但排名基本倒数。我国上榜公司数量虽远超日本（51家，第三位），但日本上榜主体是来自具备优势创新能力的电子和通信行业（10家）和汽车制造业（10家），这两个行业就占了日本上榜总数的39%，而我国的制造业上榜情况很不理想。

二、国有企业经济效益有待提升

总体上，我国国有工业企业平均规模最大、扩张最快，但国有工业企业经济效益低于平均水平，国有控股工业企业经济效益接近平均水平，未能充分发挥引领经济转型升级、带动高质量发展的核心作用。大中型工业企业和大中型国有控股工业企业规模和扩张速度远高于平均水平，但大中型国有控股工业企业经济效益总体略低于平均水平，同样未能起到优化经济格局、提升产业整体竞争力的骨干支撑作用。

三、国有企业资产配置效益不高

我国国有工业企业资产配置效益最低，国有及国有控股工业企业资产配置效益还不到私营企业的一半。大中型工业企业和大中型国有控股工业企业资产配置效益均低于平均水平。说明国有及国有控股工业企业数量规模扩张的同时，市场化资源配置机制和手段不足，使得资源配置能力和水平没有同步提高，导致配置效率长期难以提高。

第三章　促进产业技术升级

党的十九大报告指出，我国经济已由高速增长阶段转向高质量发展阶段，正处在转变发展方式、优化经济结构、转换增长动力的攻关期。必须坚持质量第一、效益优先，以供给侧结构性改革为主线，推动经济发展质量变革、效率变革、动力变革，提高全要素生产率。由此可见，产业技术升级和创新发展已经上升至国家战略高度，成为国民经济发展的关键之举，成为新时期建设现代化经济体系的重要引擎。推动产业技术不断升级是推动我国产业结构优化升级、不断增强我国经济创新力和竞争力的重要途径。

第一节　2017 年产业技术升级促进政策解析

一、推进产业技术升级的政策情况

2017 年，围绕贯彻落实《中国制造 2025》《国务院关于深化制造业与互联网融合发展的指导意见》《产业技术创新能力发展规划（2016—2020 年）》（工信部规〔2016〕344 号）、《制造业创新中心建设工程实施指南（2016—2020 年）》等，我国产业技术升级政策重点集中发力。推进供给侧结构性改革，围绕重点产业，从解决产业创新能力不强，关键核心技术受制于人、产业共性技术供给不足、创新成果产业化不畅等问题的角度出发，进一步制定出台了一系列配套政策，积极发挥产业技术研发应用对创新驱动的引领和支撑作用，增强关键环节和重点领域的创新能力，实现"中国制造"向"中国创造"转变。

表 3 – 1　2017 年中央政府部门推动产业技术升级的主要政策

序号	发布时间	发布部门	文件名称
1	2017 年 1 月	国务院	《"十三五"国家知识产权保护和运用规划》（国发〔2016〕86 号）
2	2017 年 4 月	科技部	《科技部关于〈印发"十三五"先进制造技术领域科技创新专项规划〉的通知》（国科发高〔2017〕89 号）
3	2017 年 4 月	科技部等	《关于印发〈"十三五"国家技术创新工程规划〉的通知》（国科发创〔2017〕104 号）
4	2017 年 5 月	科学技术部、教育部、中国科学院、国家自然科学基金委员会	《关于印发〈"十三五"国家基础研究专项规划〉的通知》（国科发基〔2017〕162 号）
5	2017 年 5 月	科技部	《科技部关于印发〈"十三五"技术市场发展专项规划〉的通知》（国科发火〔2017〕157 号）
6	2017 年 6 月	科技部、国家质检总局、国家标准委	《科技部质检局国家标准委关于印发〈"十三五"技术标准科技创新规划〉的通知》（国科发基〔2017〕175 号）
7	2017 年 7 月	国务院	《国务院关于印发〈新一代人工智能发展规划〉的通知》（国发〔2017〕35 号）
8	2017 年 7 月	工业和信息化部、国资委、国家标准委	《工业和信息化部国资委国家标准委关于深入推进信息化和工业化融合管理体系的指导意见》（工信部联信软〔2017〕155 号）
9	2017 年 9 月	国务院	《国务院关于印发〈国家技术转移体系建设方案〉的通知》（国发〔2017〕44 号）
10	2017 年 10 月	工业和信息化部	《产业关键共性技术发展指南（2017 年）》（工信部科〔2017〕251 号）
11	2017 年 11 月	国务院	《国务院关于深化"互联网＋先进制造业"发展工业互联网的指导意见》
12	2017 年 12 月	工业和信息化部	《促进新一代人工智能产业发展三年行动计划（2018—2020）》（工信部科〔2017〕315 号）
13	2017 年 12 月	工业和信息化部、国家标准委	《国家车联网产业标准体系建设指南（智能网联汽车）》（工信部联科〔2017〕332 号）
14	2017 年 12 月	工业和信息化部	《工业和信息化部关于培育发展工业通信业团体标准的实施意见》（工信部科〔2017〕324 号）

资料来源：赛迪智库整理。

二、重点政策分析

（一）重点发展新一代人工智能产业

2017 年 7 月，国务院印发《新一代人工智能发展规划》，主要围绕"构建一个体系、把握双重属性、坚持三位一体、强化四大支撑"进行布局，以此来形成人工智能的战略发展路径，进而加快建设创新型国家和世界科技强国。其中，新一代人工智能发展规划的实施主要包括六大任务，分别为构建开放协同的人工智能科技创新体系、培育高端高效的智能经济、建设安全便捷的智能社会、加强人工智能领域军民融合、构建泛在安全高效的智能化基础设施体系、前瞻布局新一代人工智能重大科技项目；新一代人工智能发展规划的实施主要包括六大保障措施，分别为制定促进人工智能发展的法律法规和伦理规范、完善支持人工智能发展的重点政策、建立人工智能技术标准和知识产权体系、建立人工智能安全监管和评估体系、大力加强人工智能劳动力培训、广泛开展人工智能科普活动。

为贯彻落实《中国制造 2025》和《新一代人工智能发展规划》，加快人工智能产业发展，推动人工智能和实体经济深度融合。2017 年 12 月，工信部印发《促进新一代人工智能产业发展三年行动计划（2018—2020）》，力争到2020 年，一系列人工智能标志性产品取得重要突破，人工智能和实体经济融合进一步深化等。通过实施四项重点任务，分别为发展智能控制产品、培育智能理解产品、推动智能硬件普及来培育智能产品，加快研发智能传感器、神经网络芯片及配套工具，支持开源开放平台建设等来掌握核心技术；通过大力发展智能制造关键技术装备、智能制造新模式来深化发展智能制造；通过建立行业训练资源库、建设标准测试及知识产权服务平台、加快发展智能化网络基础设施、构建网络安全保障体系等来构建支撑体系。

（二）大力发展工业互联网，深入推进"互联网＋先进制造业"

2017 年 11 月，国务院印发《关于深化"互联网＋先进制造业"发展工业互联网的指导意见》，通过系统构建网络、平台、安全三大功能体系，打造人、机、物全面互联的新型网络基础设施，形成智能化发展的新型业态和应用模式。目标到 2025 年，基本形成具备国际竞争力的基础设施和产业体系，到 2035 年，建成国际领先的工业互联网网络基础设施和平台，形成国际先进的技术与产业体系。《指导意见》主要包括七大主要任务，分别为通过推动网络改造升级提速降费，推进标识解析体系建设来夯实网络基础；通过加快工业互联网平台建设，提升平台运营能力来打造平台体系；通过提升大型企业工业互联网创新和应用水平，加快中小企业工业互联网应用普及来促进融合应用；通过提高构建创新体系、应用生态、企业协同发展体系、区域协同发展体系来区域协同发展体系；通过提升安全防护能力、建立数据安全保护体系、推动安全技术手段建设来强化安全保障；通过提高企业国际化发展能力，加强多边对话与合作来推动开放合作。另外，通过建立健全法规制度，营造良好市场环境，加大财税支持力度，创新金融服务方式，强化专业人才支撑等来提供政策支撑保障。

表 3－2　重点工程

专栏	重点工程
1	工业互联网基础设施升级改造工程
2	工业互联网平台建设及推广工程
3	工业互联网平台建设及推广工程
4	关键技术产业化工程
5	工业互联网集成创新应用工程
6	区域创新示范建设工程
7	安全保障能力提升工程

资料来源：赛迪智库整理。

（三）实施科技创新专项和技术创新工程

2017 年 4 月，科技部分别印发《"十三五"先进制造技术领域科技创新专项规划》（国科发高〔2017〕89 号）《"十三五"国家技术创新工程规划》（国科发创〔2017〕104 号），推动落实《国家创新驱动发展战略纲要》等任务要求。其中，《"十三五"先进制造技术领域科技创新专项规划》以推进智能制造为方向，目的在于在增材制造、激光制造、智能机器人、智能成套装备、新型电子制造装备等领域强化制造核心基础件和智能制造关键基础技术，形成信息技术与制造业深度融合的创新发展模式；《"十三五"国家技术创新工程规划》目的在于进一步完善产学研相结合的技术创新体系，大幅度提升企业创新能力，培育发展一批创新型领军企业、科技型中小企业"隐形冠军"等，逐步构建形成对产业发展辐射和带动作用强的技术创新网络。

《"十三五"先进制造技术领域科技创新专项规划》中，先进制造领域重点从"系统集成、智能装备、制造基础和先进制造科技创新示范工程"四个层面，围绕增材制造、激光制造、智能机器人、极大规模集成电路制造装备及成套工艺、新型电子制造关键装备、高档数控机床与基础制造装备、智能装备与先进工艺制造基础技术与关键部件、工业传感器、智能工厂、网络协同制造、绿色制造、先进制造科技创新示范工程等 13 个主要方向开展重点任务部署。《"十三五"国家技术创新工程规划》主要从七个方面实施主要任务，分别为实施创新型领军企业培育行动，引领企业创新能力提升；完善技术创新体系建设，提升重点产业核心竞争力；发展产业技术创新战略联盟，促进产学研协同创新；实施科技型创新创业行动，激发中小微企业创新活力；实施促进科技成果转移转化行动，强化企业在成果转化中的主体作用；加大技术创新支持力度，促进创新资源向企业集聚；加强国际创新合作，推动企业充分利用全球创新资源。

（四）加速技术转移，促进科技成果资本化产业化

2017 年 9 月，国务院印发《国家技术转移体系建设方案》（国发〔2017〕44 号），加快建设和完善国家技术转移体系，主要从技术转移的全过程、全链条、全要素出发，从基础架构、转移通道、支撑保障三个方面进行系统布局。争取到 2025 年，全面建成结构合理、功能完善、体制健全、运行高效的国家技术转移体系。其中，优化国家技术转移体系基础架构，主要包括激发创新主体技术转移活力、建设统一开放的技术市场、发展技术转移机构、壮大专业化技术转移人才队伍等任务；拓宽技术转移通道，主要包括依托创新创业促进技术转移、深化军民科技成果双向转化、推动科技成果跨区域转移扩散、拓展国际技术转移空间等任务；完善政策环境和支撑保障，主要包括加强组织领导、抓好政策落实、加大资金投入、开展监督评估等任务。

（五）加快突破产业关键共性技术

2017 年 10 月，工业和信息化部印发《产业关键共性技术发展指南（2017年)》（工信部科〔2017〕251 号）。通过研判国内外产业发展现状和趋势，围绕制造业创新发展的重大需求，组织研究了对行业有重要影响和瓶颈制约、短期内亟待解决并能够取得突破的产业关键共性技术。《产业关键共性技术发展指南（2017 年)》共提出优先发展的产业关键共性技术 174 项，其中，原材料工业 53 项、装备制造业 33 项、电子信息与通信业 36 项、消费品工业 27项、节能环保与资源综合利用 25 项，目的在于进一步增强关键环节和重点领域的创新能力。

第二节　2017 年产业技术升级的基本情况

一、总体情况

2017 年，随着促进产业技术改造升级和发展人工智能、工业互联网等的一系列政策的颁布落实，产业技术创新已步入从跟踪为主转向跟踪和并跑、领跑并存的新阶段，一批企业进入国际市场第一方阵，成为国民经济持续健康发展的关键支撑，奠定了制造强国和网络强国建设的坚实基础，加快形成新动能。取得的进展主要围绕四个方面，一是产学研深度融合的技术创新体系进一步完善；二是企业技术改造专项工作进一步加强；三是重点领域技术创新取得突破性成果；四是制造业与互联网融合发展向纵深推进。

二、取得的进展

（一）产学研深度融合的技术创新体系进一步完善

2017 年，在政策制定上主要围绕产业链部署创新链，围绕创新链配置资金链，以国家制造业创新中心为重要支点，进一步打造高效立体的开放型创新网络体系。一是新批复 3 家国家制造业创新中心，分别为组建信息光电子、印刷及柔性显示、机器人等 3 个领域国家制造业创新中心，指导培育 48 家省级创新中心，逐步形成了差异发展、上下衔接等的建设格局。二是国家科技重大专项、工业强基工程实施取得新突破，重点领域"卡脖子"问题进一步缓解，高档数控系统打破国外技术垄断，高端装备创新成果丰硕，"蓝鲸 1 号"在南海成功试采可燃冰，C919 大型客机、AG600 水陆两栖飞机成功首飞。三是地方省份积极细化落实"中国制造 2025"分省市指南，积极谋划新项目、推进试点示范城市建设取得突出成效。

（二）企业技术改造专项工作进一步加强

一是通过完善技改升级政策措施，传统产业改造提升取得新成效，企业产业技术水平和先进产能比重不断提高，近两年来技改投资在工业投资中占比 40% 以上。二是利用综合性标准依法依规推动落后产能退出成效明显，两年来共化解钢铁过剩产能 1.15 亿吨以上，"地条钢"产能全部出清，电解铝、水泥、平板玻璃等一大批过剩产能也已化解。三是联合发展改革委组织实施技术改造专项，重点支持新材料、智能制造等领域。同时，利用工业转型升级（"中国制造 2025"）资金重点支持智能制造工程、工业强基工程、绿色制造工程和首台（套）重大技术装备保险补偿四大领域。

（三）重点领域技术创新取得突破性成果

2017 年，我国工业通信业总体规模、综合实力、国际影响力大幅提升，世界第一制造大国、网络大国地位进一步巩固。国家集成电路产业投资基金设立，航空发动机及燃气轮机重大专项启动，自主研发大型飞机实现"零"的突破，新支线客机投入航线运行，新能源汽车推广应用实现全球领先，新材料产业创新发展开创新局面，大国重器实现群体性突破，移动通信在 2G 跟随、3G 突破基础上实现 4G 赶超、5G 引领、跨越发展。

（四）制造业与互联网融合发展向纵深推进

国务院先后印发了《关于深化制造业与互联网融合发展的指导意见》《深化"互联网＋先进制造业"发展工业互联网的指导意见》等指导性文件，互联网技术已广泛融入制造业企业研发设计生产等各环节，一批面向行业和细分领域的工业互联网平台加快培育，制造业"双创"平台建设加快推进。一是加强顶层设计，出台《关于深入推进信息化和工业化融合管理体系的指导意见》《制造业"双创"平台培育三年行动计划》《工业电子商务发展三年行动计划》《促进新一代人工智能产业发展三年行动计划（2018—2020年）》等政策文件，进一步健全深化融合发展的政策体系。二是制造业数字化转型步伐加快，两化融合管理体系贯标扎实开展，两化融合国际标准成功立项，企业"上云"行动成效显现，一批新型工业APP实现商业化应用。三是融合技术协同创新活跃，支持云计算、大数据、人工智能、IPv6研发应用的政策体系不断完善，高端芯片、基础软件、工业软件等产业基础持续增强，云计算骨干企业业务收入翻倍增长。四是组织试点示范，聚焦工业大数据、工业云、工业电子商务等领域，遴选70家制造业与互联网融合发展试点示范项目。围绕要素汇聚、能力开放、模式创新、区域合作四个领域，遴选出116个制造业"双创"平台试点示范项目。

第三节　面临的问题与挑战

面对新的形势和需求，我国产业技术创新能力发展仍存在一些亟待解决的问题，主要表现在以下几个方面：一是企业创新能力仍然薄弱，尤其缺乏具有国际竞争力的创新型领军企业。二是科技成果转化机制尚不成熟。三是原始创新动力依然不足，制约不同性质和类型企业创新的体制机制障碍仍然存在，创新创业活力有待进一步加强。

一、企业创新能力仍然薄弱

一是适应产业变革要求的新型产业创新体系还未形成，对企业技术创新的源头支持不足，创新链条和体系不完整，市场在产业技术创新中的基础性作用有待进一步发挥，国家层面的创新支撑服务体系尚不完善，产业各方对于产业共性关键技术的研发积极性不足，各类创新平台对于技术创新的支撑服务作用尚不明显。① 二是关键共性技术需进一步突破，在构建现代产业技术体系、加快转变发展方式、培育和发展战略性新兴产业、促进产业结构优化升级、增强自主创新能力和核心竞争力等关键环节中，产业关键共性技术具有应用基础性、关联性、系统性、开放性等特点，因其研究难度大、周期长，已成为制约我国产业健康持续发展和提升产业核心竞争力的瓶颈问题。三是产业创新服务体系不完善，共性技术研发载体和战略性支撑能力不足，面向中小企业创新创业的服务机构和平台有待加强。

二、科技成果转化机制尚不成熟

一是科研机构与产业化机构协同能力较差。我国创新资源重复分散，创新载体分散重复建设，资金、设备等创新资源配置的重复浪费现象严重，创新过程中的"孤岛现象"十分普遍，产学研用协同创新能力仍然不足。二是产业核心关键技术受制于人的局面还没有得到根本改变，许多研发成果停留在实验室阶段或中试阶段。同时，很多产业处在价值链中低端，高端产业低端化现象明显。三是科技成果转化率比较低。目前我国国际科技论文发表量及发明专利数量均居世界前列，但很多并没有转化为技术专利，技术专利也没有转化为产品，经济和科技"两张皮"的问题仍然比较突出，科技成果与市场的需求结合不紧密，科技成果转化的政策和机制有待进一步健全，考核与激励机制缺位的现象还在一定程度上存在，各方从事成果转化工作的积极性不高。

三、原始创新动力依然不足

从整体上来看，我国创新上重集成创新、引进消化吸收再创新，造成我国在一系列核心关键技术上受制于人。同时，我国多数制造企业在国际产业链分工中仍处于"制造—加工—组装"的低技术含量和低附加值环节，创新能力不强。创新体系技术创新能力与发达国家相比依然存在较大差距，部分关键核心技术及装备主要依赖进口，核心领域自主创新能力仍然需要进一步

---

① 《产业技术创新能力发展规划（2016—2020 年）》（工信部规〔2016〕344 号）。

加强，尤其在高端产品创新设计方面，设计工具软件受制于人，设计方法和理念不够先进，创新设计能力较为薄弱。

四、制造业与互联网融合发展存在结构性矛盾

我国大部分地区和行业的信息化仍处于以局部应用为主的初级阶段，不同地区、行业和企业间信息化水平尚存在明显差距。面对新型生产模式的产业变革，突出表现出认识不充分等不同层次的风险。互联网、大数据、人工智能等与实体经济还并未真正形成叠加效应、倍增效应，需要进一步强化深度融合。

第四章　化解产能过剩矛盾和淘汰落后产能

过剩产能和落后产能一般是存在严重资源浪费和环境污染的生产能力，积极开展化解产能过剩和淘汰落后产能工作，是推进供给侧结构性改革的主要内容和重要手段，亦是促进产业转型升级的重要途径。2017年，中央层面不断出台化解产能过剩矛盾和淘汰落后产能的相关政策，重点通过印发重点行业转型升级发展规划、省市地方政府相关工作指导意见、部分行业更新标准规定和利用综合标准去产能等四个发面相关政策文件，持续发力推动化解产能过剩和淘汰落后产能工作。深化淘汰落后产能和化解产能过剩矛盾工作，需要进一步破解"僵尸企业"处置及相关债务处理和人员安置问题，利用综合标准方式适应"依法治国"的相关要求，实现从过分依赖行政手段去产能政策向依靠市场资源重新配置转变。

第一节　2017年化解产能过剩矛盾和
淘汰落后产能政策解析

2017年是推动供给侧结构性改革的攻坚之年，化解产能过剩矛盾和淘汰落后产能是推进供给侧结构性改革的主要内容之一。党中央和国务院统筹部署，各部门之间协同合作，过剩产能和落后产能退出机制高效运转，政策体系构建并且逐步完善，重点行业去产能效果明显，钢铁、煤炭等行业超额完成全年化解过剩产能和淘汰落后产能的目标任务。

一、化解产能过剩矛盾和淘汰落后产能的主要政策情况

化解产能过剩矛盾和淘汰落后产能并不是一朝一夕的事情，针对本轮产

能过剩问题，党中央和国务院不断出台相关政策和具体工作部署，如《国务院关于进一步加强淘汰落后产能工作的通知》（国发〔2010〕7号）、《国务院关于化解产能严重过剩矛盾的指导意见》（国发〔2013〕41号）、《国家发展改革委工业和信息化部关于坚决遏制产能严重过剩行业盲目扩张的通知》（发改产业〔2013〕892号）等重要文件，统筹部署化解产能过剩矛盾和淘汰落后产能工作，协调各部门共同发力，积极履职尽责，针对重点行业出台《关于钢铁行业化解过剩产能实现脱困发展的意见》（国发〔2016〕6号）、《关于煤炭行业化解过剩产能实现脱困发展的意见》（国发〔2016〕7号）等政策，以重点行业为突破，稳中求进不断深化供给侧结构性改革，逐步实现产业转型升级。2017年，工业和信息化部、国家发展改革委、财政部等多部门关于化解产能过剩矛盾和淘汰落后产能的重点政策主要集中在四个方面：重点行业转型升级发展规划、省市地方政府相关工作指导意见、部分行业更新标准规定和利用综合标准去产能的相关政策文件。

（一）重点行业转型升级发展规划类政策情况

钢铁、煤炭、光伏和电力等多行业面临严重的产能过剩矛盾和淘汰落后产能问题，简单地依靠行政手段限制企业生产从而达到减少产能的方法是"治标不治本"。党的十八大以来，党中央和国务院统筹部署，坚持以推进供给侧结构性改革为主线，从重点行业的发展和产业结构调整的角度，陆续出台重点产业的发展指导意见，进而从根源上促进产业结构升级，提高供给质量，推动化解产能过剩矛盾和淘汰落后产能工作。2017年1月，工业和信息化部、国家发展改革委两部委印发《关于产业用纺织品行业"十三五"发展指导意见的通知》（工信部联消费〔2016〕448号）、《关于运用价格手段促进钢铁行业供给侧结构性改革有关事项的通知》（发改价格〔2016〕2803号）；工业和信息化部、国家发展改革委、财政部、中国人民银行、银监会、国防科工局等六部门印发《关于船舶工业深化结构调整加快转型升级行动计划（2016—2020年）的通知》（工信部联装〔2016〕447号），重点针对产业用纺织品、钢铁、船舶等行业发布发展规划，引导产业转型升级，化解产能过剩和淘汰落后产能。

2017年2月，工业和信息化部、国家发展改革委、科技部、财政部四部委印发《关于促进汽车动力电池产业发展行动方案的通知》（工信部联装〔2017〕29号），严防动力电池产业出现产能过剩情况。2017年5月，工业和信息化部办公厅发布《关于10家船舶规范企业限期整改的通知》（工信厅装函〔2017〕451号）文件，将现场核查发现的相关问题汇总反馈给10家企业，并督促其按要求按时进行整改。同期，工业和信息化部发布《关于下达2017年钨生产总量控制指标的通知》（工信部原〔2017〕117号）文件，要求相关部门和企业按照要求实施，控制全年钨生产总量。2017年11月，工业和信息化部印发《关于提升水泥质量保障能力的通知》（工信部原〔2017〕290号），重点解决由于水泥生产厂家众多，企业质量保障能力参差不齐，一些水泥生产企业，尤其是没有熟料产能的粉磨站、化验室简陋凌乱，规范制度执行不力，质量技术基础薄弱，质量诚信意识淡薄，质量保障能力弱等问题。

（二）各省市地方相关部门开展工作指导意见类政策情况

在各省市积极开展去产能工作的同时，面临着地方政府保护重点去产能企业的情况，很大程度上阻碍了化解产能过剩矛盾和淘汰落后产能工作的推进。2017年2月，工业和信息化部发布《关于同意河北省沙河市开展玻璃产业压减产能提质增效转型发展试点的批复》（工信部原函〔2017〕35号），支持河北省沙河市通过开展试点工作进一步推进淘汰落后产能、化解产能过剩矛盾工作。2017年9月，工业和信息化部办公厅印发《关于企业集团内部电解铝产能跨省置换工作的通知》（工信厅原〔2017〕101号），进一步推动电解铝产能置换工作，以企业为主体实现对企业集团（同一实际控制人）内部电解铝产能等量或减量置换工作程序进行简化。

（三）部分行业更新行业规范和标准类政策情况

2017年至今，工业和信息化部陆续发布《符合、变更与撤销焦化行业准入公告名称的企业名单公告》（中华人民共和国工业和信息化部公告2016年第68号）、《符合〈铅蓄电池行业规范条件（2015年本）〉企业信息变更名单》（中华人民共和国工业和信息化部公告2017年第6号）、《符合〈锂离子电池行业规范条件〉企业名单（第一批）》（工业和信息化部公告2017年第12号）、《符合〈铅蓄电池行业规范条件（2015年本）〉企业名单（第四批）》

（工业和信息化部公告 2017 年第 52 号）和《符合〈锂离子电池行业规范条件〉企业名单（第二批）》（工业和信息化部公告 2018 年第 1 号）等文件公告，通过设定行业准入条件以及行业规范条件，对相关申报企业进行核查，从而对优质产能和相对落后产能进行分类，实现"鼓励先进、淘汰落后"的目标。2017 年 4—5 月，工业和信息化部办公厅印发《关于开展第四批铜冶炼企业规范公告申报工作的通知》（工信厅原函〔2017〕226 号）和《〈太阳能光伏产业综合标准化技术体系〉的通知》（工信厅科〔2017〕45 号）文件，通过将产业发展需要的技术标准体系进行规范的手段，进一步淘汰落后产能。

（四）利用综合标准去产能类政策情况

2017 年 2 月，工业和信息化部、国家发展和改革委员会、财政部、人力资源和社会保障部和国土资源部等十六部门联合发布《关于利用综合标准依法依规推动落后产能退出的指导意见》（工信部联产业〔2017〕30 号），工业和信息化部发布的解读材料中提及："习近平总书记指出，坚持市场化、法治化手段，利用环保、能耗、质量、安全等手段去产能。李克强总理指出，对环保、能耗、安全生产达不到标准和生产不合格或淘汰类产能，要依法依规有序关停退出。中央经济工作会议、国务院常务会议也对此作出了部署。"[①] 2017 年 5 月，工业和信息化部印发《关于工业节能与绿色标准化行动计划（2017—2019 年）的通知》（工信部节〔2017〕110 号），加快推进实施《工业绿色发展规划（2016—2020 年）》和《工业绿色制造工程实施指南（2016—2020 年）》，严格淘汰落后产能和加快处置"僵尸企业"。2017 年 11 月，工业和信息化部办公厅、国家发展和改革委员会办公厅、国家质量监督检验检疫总局办公厅三部门发布《关于组织开展 2017 年度高耗能行业能效"领跑者"遴选工作的通知》（工信厅联节函〔2017〕635 号），旨在推动工业绿色发展和能源利用效率持续提升，开展高耗能行业能效"领跑者"遴选工作，推动重点行业技术升级。

---

① 《关于利用综合标准依法依规推动落后产能退出的指导意见》解读材料，工业和信息化部产业政策司，2017 年 3 月 9 日。

表4-1　2017年以来中央层面发布的化解产能过剩矛盾和淘汰落后产能相关政策文件

序号	发布时间	发布部门	政策名称
1	2017年1月	工业和信息化部、国家发展改革委	《关于印发〈产业用纺织品行业"十三五"发展指导意见〉的通知》（工信部联消费〔2016〕448号）
2	2017年1月	工业和信息化部、国家发展改革委、财政部、中国人民银行、银监会、国防科工局	《关于印发〈船舶工业深化结构调整加快转型升级行动计划（2016—2020年）〉的通知》（工信部联装〔2016〕447号）
3	2017年1月	工业和信息化部	《符合、变更与撤销焦化行业准入公告名称的企业名单公告》（中华人民共和国工业和信息化部公告2016年第68号）
4	2017年1月	国家发展改革委、工业和信息化部	《关于运用价格手段促进钢铁行业供给侧结构性改革有关事项的通知》（发改价格〔2016〕2803号）
5	2017年2月	工业和信息化部、国家发展改革委、科技部、财政部	《关于印发〈促进汽车动力电池产业发展行动方案〉的通知》（工信部联装〔2017〕29号）
6	2017年2月	工业和信息化部	《符合〈铅蓄电池行业规范条件（2015年本）〉企业信息变更名单》（中华人民共和国工业和信息化部公告2017年第6号）
7	2017年2月	工业和信息化部	《工业和信息化部关于同意河北省沙河市开展玻璃产业压减产能提质增效转型发展试点的批复》（工信部原函〔2017〕35号）
8	2017年3月	工业和信息化部、国家发展改革委、财政部等十六个部门	《关于利用综合标准依法依规推动落后产能退出的指导意见》（工信部联产业〔2017〕30号）
9	2017年3月	工业和信息化部	《符合〈锂离子电池行业规范条件〉企业名单（第一批）》（工业和信息化部公告2017年第12号）
10	2017年4月	工业和信息化部	《工业和信息化部办公厅关于开展第四批铜冶炼企业规范公告申报工作的通知》（工信厅原函〔2017〕226号）
11	2017年5月	工业和信息化部	《工业和信息化部办公厅关于10家船舶规范企业限期整改的通知》（工信厅装函〔2017〕451号）

续表

序号	发布时间	发布部门	政策名称
12	2017 年 5 月	工业和信息化部	《工业和信息化部办公厅关于印发〈太阳能光伏产业综合标准化技术体系〉的通知》（工信厅科〔2017〕45 号）
13	2017 年 5 月	工业和信息化部	《工业和信息化部关于印发〈工业节能与绿色标准化行动计划（2017—2019 年）〉的通知》（工信部节〔2017〕110 号）
14	2017 年 5 月	工业和信息化部	《工业和信息化部关于下达 2017 年钨生产总量控制指标的通知》（工信部原〔2017〕117 号）
15	2017 年 9 月	工业和信息化部	《工业和信息化部办公厅关于企业集团内部电解铝产能跨省置换工作的通知》（工信厅原〔2017〕101 号）
16	2017 年 11 月	工业和信息化部办公厅、国家发展改革委办公厅、国家质量监督检验检疫总局办公厅	《三部门关于组织开展 2017 年度高耗能行业能效"领跑者"遴选工作的通知》（工信厅联节函〔2017〕635 号）
17	2017 年 11 月	工业和信息化部	《工业和信息化部关于提升水泥质量保障能力的通知》（工信部原〔2017〕290 号）
18	2017 年 11 月	工业和信息化部	《符合〈铅蓄电池行业规范条件（2015 年本）〉企业名单(第四批)》（工业和信息化部公告 2017 年第 52 号）
19	2017 年 12 月	工业和信息化部	《工业和信息化部关于印发〈钢铁水泥玻璃行业产能置换实施办法〉的通知》（工信部原〔2017〕337 号）
20	2018 年 1 月	工业和信息化部	《符合〈锂离子电池行业规范条件〉企业名单（第二批)》（工业和信息化部公告 2018 年第 1 号）
21	2018 年 1 月	工业和信息化部	《工业和信息化部关于电解铝企业通过兼并重组等方式实施产能置换有关事项的通知》（工信部原〔2018〕12 号）

资料来源：赛迪智库整理，2018 年 3 月。

二、重点政策分析

近年来，中央和地方政府层面不断推出化解产能过剩矛盾和淘汰落后产能的相关政策，各部门协同合作，陆续出台一系列政策措施，不断完善化解产能过剩和淘汰落后产能的顶层设计和跨部门协作机制，强有力的产能退出机制逐步建立和完善。2017 年，中央层面更是注重通过加大环保、能耗、技术、安全等多方面监督执法力度，逐步提高相关行业标准和要求，进一步推动过剩产能和落后产能退出市场。2017 年 2 月，工业和信息化部、国家发展改革委、财政部、人力资源和社会保障部、国土资源部、环境保护部、农业部、商务部、中国人民银行、国家能源局、国务院国有资产监督管理委员会、国家税务总局、国家工商行政管理总局、国家质量监督检验检疫总局、国家安全生产监督管理总局、中国银行业监督管理委员会等十六部门联合发布《关于利用综合标准依法依规推动落后产能退出的指导意见》（工信部联产业〔2017〕30 号），旨在通过实现工作方式由主要依靠行政手段，向综合运用法律法规、经济手段和必要的行政手段转变；实现界定标准由主要依靠装备规模、工艺技术标准，向能耗、环保、质量、安全、技术等综合标准转变；建立市场化、法治化、常态化的工作推进机制，促进淘汰落后产能工作。

在环保方面，2017 年 5 月，工业和信息化部发布《关于印发〈工业节能与绿色标准化行动计划（2017—2019 年）〉的通知》（工信部节〔2017〕110 号），通过设定工业节能和绿色标准化行动计划，划分落后产能和先进产能，进一步推动淘汰落后产能。在能耗方面，2017 年 11 月，工业和信息化部办公厅、国家发展和改革委员会办公厅、国家质量监督检验检疫总局办公厅三部门联合印发《关于组织开展 2017 年度高耗能行业能效"领跑者"遴选工作的通知》（工信厅联节函〔2017〕635 号），通过遴选高耗能行业"领跑者"企业，鼓励先进产能，严格退出落后产能。在技术方面，2017 年 5 月，工业和信息化部办公厅发布《关于太阳能光伏产业综合标准化技术体系的通知》（工信厅科〔2017〕45 号），旨在通过利用综合标准化技术体系提高太阳能光伏行业发展标准，逐步淘汰落后产能。

第二节　化解过剩产能和淘汰落后产能的基本情况

在国务院统一领导下，工业和信息化部、国家发展和改革委员会、财政部等十六个部门联合发布《关于利用综合标准依法依规推动落后产能退出的指导意见》（工信部联产业〔2017〕30 号），坚持依法依规推动落后产能退出市场，不断细化和完善配套政策，综合运用法律、环保、安全等多方面手段，逐步实现化解过剩产能主要依靠行政手段向主要依靠市场机制调节转变，"市场倒逼—企业主体—地方组织—中央支持"四位一体的协作机制充分发挥作用，全年化解过剩产能和淘汰落后产能目标任务基本实现，个别企业如钢铁等超额完成目标任务。2017 年 5 月，淘汰落后产能工作部际协调小组办公室会议指出，2016 年各成员单位认真贯彻落实党中央、国务院决策部署，积极开展淘汰落后产能工作，以钢铁、煤炭、水泥、平板玻璃等行业为重点，全年淘汰落后炼铁产能 677 万吨、炼钢产能 1096 万吨、电解铝产能 32 万吨、水泥熟料产能 559 万吨、平板玻璃产能 3340 万重量箱，关闭 30 万吨/年以下落后小煤矿 1500 多处、涉及煤炭产能超过 1 亿吨，为化解重点行业产能过剩、促进节能减排发挥了重要作用。①

根据《国务院关于化解产能严重过剩矛盾的指导意见》（国发〔2013〕41 号）、《关于钢铁行业化解过剩产能实现脱困发展的意见》（国发〔2016〕6 号）、《关于煤炭行业化解过剩产能实现脱困发展的意见》（国发〔2016〕7 号）等文件指示要求，各地方陆续出台相应的具体化解产能过剩矛盾和淘汰落后产能的实施方案，如河北省发布《河北省钢铁产业结构调整方案》和《关于钢铁行业化解过剩产能实现脱困发展的实施意见》（冀政发〔2016〕28 号），山西省注销 35 座煤矿采矿许可证等，进一步推进化解产能过剩工作，重点行业企业经营效益明显好转。

2017 年，工信部等相关部门紧抓钢铁行业产能置换工作，修订完成《钢铁行业产能置换实施办法》，从上到下严抓产能置换审核环节；撤销部分企业规范公告资格，价钱昂贵钢业行业规范动态管理，督促企业以规范条件为标准，规范自身生产经营行为。钢铁行业在超额完成《政府工作报告》中设定的 5000 万吨化解过剩产能目标任务基础上，全面清除 1.4 亿吨"地条钢"，结束了钢铁行业"劣币驱逐良币"的局面。2017 年 1—11 月，全国共生产生铁、粗钢和钢材分别为 6.56 亿吨、7.65 亿吨和 9.73 亿吨，同比分别增长

---

① 《张峰主持召开淘汰落后产能工作部际协调小组办公室会议》，工业和信息化部产业政策司，2017 年 5 月 8 日。

2.32%、5.74%和1.1%。其中中钢协会员企业生产生铁、粗钢、钢材同比分别增长2.99%、7.86%和7.3%，增幅高于全国增幅。炼钢消耗废钢铁总量达1.3亿吨，同比增加5000万吨。

钢铁企业效益有所改观，2017年1—11月，中钢协会员钢铁企业累计实现销售收入3.35万亿元，同比增长35.05%；实现利税2678亿元，比上年同期增加1678亿元，其中实现利润总额1578亿元，比上年同期增加1232亿元；会员企业平均销售利润率为4.7%，比上年同期提高了3.23个百分点。[①] 黑色金属冶炼及压延加工业主营业务收入56564.7亿元，同比增长20%，实现利润3138.8亿元，同比增长180%。[②] 一些长期亏损的企业也实现了扭亏为盈。党的十九大提出，当前我国正处在转变发展方式、优化经济结构、转换增长动力的攻关期。要以供给侧结构性改革为主线，把提高供给质量作为主攻方向。钢铁行业应结合自身发展现状和特点，以提高发展质量和效益为中心，着力化解过剩产能，深入推进转型升级。

2018年《政府工作报告》中提到，党的十八大以来，各地区各部门坚持以推进供给侧结构性改革为主线，加快推动经济结构战略性调整和经济转型升级，不断加大钢铁、煤炭等重点行业去产能力度，退出钢铁产能1.7亿吨以上、煤炭产能8亿吨等。中央财政安排1000亿元专项奖补资金用于分流职工安置工作，安置分流职工110多万人。针对化解过剩产能、淘汰落后产能方面，报告中"对2018年政府工作的建议"部分指出，要继续破除无效供给，提高供给质量，"坚持用市场化法制化手段，严格执行环保、质量、安全等法规标准，化解过剩产能、淘汰落后产能。今年再压减钢铁产能3000万吨左右，退出煤炭产能1.5亿吨左右，淘汰关停不达标的30万千瓦以下煤电机组"。[③] 并且将重点加快"僵尸企业"的处置速度，加大破产清算和重整力度，完善职工安置机制，严防淘汰产能死灰复燃。

---

① 周雷：《2017年化解过剩产能5000万吨目标任务提前完成 钢铁业严防新一轮产能扩张》，《经济日报》2018年1月16日。

② 《深化供给侧结构性改革开创中国钢铁工业高质量发展的新局面》，工业和信息化部原材料司，2018年1月3日。

③ 2018年《政府工作报告》，中华人民共和国中央人民政府，2018年3月22日。

第三节　面临的问题与挑战

　　2018 年是推进供给侧结构性改革的深化之年，去产能仍将作为促进产业结构转型升级的重要任务之一。自 2010 年党中央和国务院不断出台相关政策，并逐步建立和完善过剩产能和落后产能退出机制和政策体系，通过严格的执法手段，重点行业的过剩产能和落后产能大部分已经被缩减，部分"僵尸企业"被处理，职工安置问题也得到相对妥善的解决。但是，继续推动化解过剩产能矛盾和淘汰落后产能工作，已经进入攻坚克难的"深水区"。进一步推动企业兼并重组、处置"僵尸企业"面临更加严峻的局面，各部门协作机制需进一步完善，去产能主要方式需加快转变等问题明显。

一、重点行业加快破除"僵尸企业"面临较多问题

　　2017 年，从钢铁、煤炭等重点产能过剩行业运行数据来看，去产能工作成效明显，企业经营效益有所好转。特别是钢铁行业，2017 年全面取缔 1.4 亿吨"地条钢"，超额完成全年钢铁去产能目标任务。接下来要重点建立打击"地条钢"长效机制，坚决防止死灰复燃，更要督促地方以处置"僵尸企业"为抓手，坚定不移去除低效产能。基本原则是防止边去边建、严控新增产能。在通过企业兼并重组、处置"僵尸企业"，压减过剩产能和淘汰落后产能的过程中，存在部分低效率企业兼并重组主动性不强，地方保护情况较为严重，企业兼并重组影响到地方财政等多方面因素，行业转型升级面临困难较大；企业兼并重组的资金压力较大，近年来大多数产能过剩行业处于低盈利甚至亏损状态，金融机构推进企业兼并重组积极性不足，企业负债、债权债务问题限制金融资本的参与；兼并重组手续烦琐，处置"僵尸企业"工作复杂，过程较为漫长；企业兼并重组风险较高，特别是部分地区低效率企业财务并不透明，地方政府干预程度较高，兼并重组风险大。[①]

――――――――――

　　① 李平、江飞涛、王宏伟等：《中国的经济结构调整与化解过剩产能》第四章《产能过剩治理政策的反思与重构》，2016 年。

二、各部门协作机制需进一步完善

2017 年，中央层面重点推动各部门协作，推动化解产能过剩矛盾和淘汰落后产能工作的协作机制建设和完善，注重把依法依规淘汰落后产能落到实处。2017 年 3 月，十六部门联合发布《关于利用综合标准依法依规推动落后产能退出的指导意见》（工信部联产业〔2017〕30 号），明确了"十三五"期间淘汰落后产能工作的总体要求、主要任务、政策措施和部门职责，实现工作方式由主要依靠行政手段，向综合运用法律法规、经济手段和必要行政手段转变。界定标准由主要依靠装备规模、工艺技术标准，向环保、质量、安全、能耗、技术等综合标准转变，构建多部门按职责协同推进工作机制和落后产能法治化、市场化退出长效机制。

三、市场化法制化去产能方式有待推广

"十二五"期间，工业和信息化部会同有关部门共同努力，认真开展淘汰落后产能工作，取得了积极成效。党的十八届四中全会提出了全面依法治国的要求，淘汰落后产能原有的一些工作方式方法难以适应。工作中法律手段、经济办法运用不够充分，市场化、法治化退出机制不健全；钢铁、煤炭等行业产能严重过剩矛盾尚未根本扭转，仍需淘汰一批落后产能；一些行业能耗、环保、质量、安全等达不到法律法规和强制性标准要求的产能，亟须依法依规予以关闭淘汰。按照市场化、法治化的总体要求，去产能工作应当贯彻落实"四法一政策"，即落实节约能源法、环境保护法、产品质量法、安全生产法等 4 部法律和《产业结构调整指导目录（2011 年本）（修正）》等产业政策关于淘汰落后产能的规定。

第五章 产业转移和优化布局

李克强总理在《2017 年政府工作报告》中强调：促进外贸继续回稳向好。落实和完善进出口政策，推动优进优出。扩大出口信用保险覆盖面，对成套设备出口融资应保尽保。推进服务贸易创新发展试点，设立服务贸易创新发展引导基金。支持市场采购贸易、外贸综合服务企业发展。加快外贸转型升级示范基地建设。促进加工贸易向产业链中高端延伸、向中西部地区梯度转移。推广国际贸易"单一窗口"，实现全国通关一体化。增加先进技术、设备和关键零部件进口，促进贸易平衡发展和国内产业加快升级。[①] 基本上确定了产业转移的工作方向，还是从我国经济发达地区向中西部地区转移为主。本章内容分为三部分：第一节分析我国相关部委出台的与产业转移相关的政策。第二节引用多处数据，分层面阐述了 2017 年有代表性的地方产业转移概况。第三节指出了我国当前阶段产业转移面临的困难与挑战。

第一节 2017 年产业转移和优化布局政策解析

2017 年国家发展和改革委员会与工业和信息化部等相关部门继续围绕国家区域发展总体战略和"一带一路"建设、京津冀协同发展、长江经济带发展战略，引导产业有序转移，持续优化产业布局。发布《西部大开发"十三五"规划》和《北部湾城市群发展规划》，制定发布《长江经济带产业转移指南》，引导地方产业转移和优化布局，提出长江经济带 11 个省市优先承接发展的产业方向。同时持续推动京津冀产业转移和地区协同发展。推进各地

---

① 李克强：《2017 年政府工作报告》，中国政府网，2017 年 3 月 16 日，见 http：//www.gov.cn/premier/2017－03/16/content_ 5177940. htm.

区产业转移合作示范园区建设，通过示范引领提升区域合作水平。

一、以推进城市群建设为主的产业转移和优化布局政策

2017年1月11日，国家发改委发布《西部大开发"十三五"规划》（国函〔2017〕1号）[①]。按照主体功能定位、现有发展基础和资源环境承载能力，以"一带一路"建设、京津冀协同发展、长江经济带发展为引领，以重要交通走廊和中心城市为依托，着力培育若干带动区域协调协同发展的增长极，构建以陆桥通道西段、京藏通道西段、长江—川藏通道西段、沪昆通道西段、珠江—西江通道西段为五条横轴，以包昆通道、呼（和浩特）南（宁）通道为两条纵轴，以沿边重点地区为一环的"五横两纵一环"西部开发总体空间格局。加快以成渝、关中—天水、北部湾、珠江—西江、天山北坡等重点经济区为支撑的核心增长区域建设，推进兰州—西宁、呼包银榆、黔中、滇中、川南、藏中南、酒泉—嘉峪关等次级增长区域发展，在有条件的地区培育若干新增长极。把沿边重点地区培育成为边疆经济社会发展的重要支撑。深入推进内陆地区开发开放。着力打造重庆西部开发开放的重要战略支撑和成都、西安、昆明、南宁等内陆开放型经济高地，支持建设宁夏、贵州等内陆开放型经济试验区。加快重庆两江、甘肃兰州、陕西西咸、贵州贵安、四川天府、云南滇中等国家级新区发展，在符合条件的地区新培育若干国家级新区、临空（港）经济区，优化布局一批海关特殊监管区域。支持西安国际港务区、兰州国际港务区、乌鲁木齐港务区、重庆国际物流港、成都国际铁路港、毕节国际内陆港等功能区发展。有序推进西部地区承接产业转移示范区建设。推动中国—新加坡（重庆）战略性互联互通示范项目建设。支持西部地区与东中部和东北地区、西部省（区、市）之间依托现有机制，建立完善合作平台，开展跨区域合作。积极参与推进长江经济带发展和京津冀协同发展，深化泛珠三角、泛北部湾等区域合作，建立毗邻地区衔接机制，促进区域一体化和良性互动。引导东中部地区产业向西部地区有序转移，加强产业转移示范区建设，研究提出支持东西部地区制造业对接发展的政策措施，鼓励东部

[①] 《国家发展改革委关于印发西部大开发"十三五"规划的通知》，国家发改委网站，2017年1月23日，见 http://www.ndrc.gov.cn/zcfb/zcfbghwb/201701/t20170123_836135.html。

地区制造业到西部沿边地区投资设厂、建立基地，共同开拓周边国家（地区）市场。探索建设"飞地产业园区"、跨省合作园区等合作模式，鼓励和支持沿海发达地区与西部地区共建进口资源深加工基地和出口加工基地。推动重庆、成都、西安、贵阳、昆明等西部地区中心城市加强经济协作，探索合作机制。支持重庆綦江、万盛和贵州遵义开展渝黔合作先行区建设。支持川滇黔结合部打造赤水河流域合作综合扶贫开发试验区。支持宁蒙陕甘毗邻地区完善协同发展机制。加强推动跨省（区、市）基础设施对接，着力打通断头路。在海关通关、检验检疫、多式联运、电商物流等方面加强合作，提高经济要素跨区域流动效率。

2017 年 2 月 10 日，国家发改委发布《北部湾城市群发展规划》（国函〔2017〕6 号）①。强调合理承接产业转移。打造双向承接产业转移平台。面向东盟及"一带一路"沿线国家，积极参与国际产业对接和产能合作，构建东盟企业进入中国大陆的"落脚点"和中国企业走向东盟市场的"始发站"，汇聚国际国内双向产业资源。吸引海内外投资者在重点产业集聚区，设立加工制造基地、配套基地、研发中心、采购中心和物流中心。建立产业转移跨区域合作机制，鼓励以连锁经营、委托管理、投资合作等多种形式合作共建跨区域产业园区。强化承接产业转移管理。制定城市群统一的承接产业转移政策，实施严格的污染物排放标准和环境准入标准。严格禁止高耗能、高污染和其他可能削弱地区资源环境承载能力的项目，避免低水平重复建设和产能过剩项目引进。优化承接产业转移环境。深化简政放权、放管结合、优化服务改革，实施企业投资项目准入负面清单、行政审批清单、政府监管清单管理，建立以"一站式服务"为核心的政府公共服务平台，探索建立分产业、分功能区的协调服务机制。加快产业园区基础设施建设，完善产业配套服务体系。加大市场经济秩序整治力度，构建公平竞争的市场环境，保障投资者合理权益。

---

① 《国家发展改革委住房城乡建设部关于印发北部湾城市群发展规划的通知》，国家发改委网站，2017 年 2 月 16 日，见 http://www.ndrc.gov.cn/zcfb/zcfbghwb/201702/t20170216_ 838010.html。

二、推进长江经济带建设、京津冀协同发展及"一带一路"建设的产业转移和优化布局政策

2017年，工业和信息化部落实国家区域协调发展战略，推动产业合理有序转移和布局优化调整。一是印发《长江经济带产业转移指南》，编制《长江经济带市场准入负面清单（产业发展部分）》，修订《产业转移指导目录（2012年本）》，印发《关于修订〈产业转移指导目录（2012年本）〉甘肃省部分条款的决定》，加强对产业发展的引导和规范，着力促进区域协调发展。二是推动跨区域产业共建合作，遴选产业转移合作示范园区。三是支持京津冀开展产业转移对接，指导举办京津冀产业协同发展招商推介专项活动，现场签署10个重点项目意向框架协议，意向投资额311.7亿元。指导和推动雄安新区做好产业门槛设置、疏解和转型升级工作。

2017年6月30日，工业和信息化部等五部委联合发布《关于加强长江经济带工业绿色发展的指导意见》（工信部联节〔2017〕178号）①。强调：（一）完善工业布局规划。落实主体功能区规划，严格按照长江流域区域资源环境承载能力，加强分类指导，确定工业发展方向和开发强度，构建特色突出、错位发展、互补互进的工业发展新格局。实施长江经济带产业发展市场准入负面清单，明确禁止和限制发展的行业、生产工艺、产品目录。严格控制沿江石油加工、化学原料和化学制品制造、医药制造、化学纤维制造、有色金属、印染、造纸等项目环境风险，进一步明确本地区新建重化工项目到长江岸线的安全防护距离，合理布局生产装置及危险化学品仓储等设施。（二）改造提升工业园区。严格沿江工业园区项目环境准入，完善园区水处理基础设施建设，强化环境监管体系和环境风险管控，加强安全生产基础能力和防灾减灾能力建设。开展现有化工园区的清理整顿，加大对造纸、电镀、食品、印染等涉水类园区循环化改造力度，对不符合规范要求的园区实施改造提升或依法退出，实现园区绿色循环低碳发展。全面推进新建工业企业向园区集中，强化园区规划管理，依法同步开展规划环评工作，适时开展跟踪

---

① 《五部委关于加强长江经济带工业绿色发展的指导意见》，工信部网站，2017年7月27日，见 http：//xxgk. miit. gov. cn/gdnps/wjfbContent. jsp？id＝5746396。

评价。严控重化工企业环境风险，重点开展化工园区和涉及危险化学品重大风险功能区区域定量风险评估，科学确定区域风险等级和风险容量，对化工企业聚集区及周边土壤和地下水定期进行监测和评估。推动制革、电镀、印染等企业集中入园管理，建设专业化、清洁化绿色园区。培育、创建和提升一批节能环保安全领域新型工业化产业示范基地，促进园区规范发展和提质增效。（三）规范工业集约集聚发展。推动沿江城市建成区内现有钢铁、有色金属、造纸、印染、电镀、化学原料药制造、化工等污染较重的企业有序搬迁改造或依法关闭。推动位于城镇人口密集区内，安全、卫生防护距离不能满足相关要求和不符合规划的危险化学品生产企业实施搬迁改造或依法关闭。到2020年，完成47个危险化学品搬迁改造重点项目。新建项目应符合国家法规和相关规范条件要求，企业投资管理、土地供应、节能评估、环境影响评价等要依法履行相关手续。实施最严格的资源能源消耗、环境保护等方面的标准，对重点行业加强规范管理。引导跨区域产业转移。鼓励沿江省市创新工作方法，强化生态环境约束，建立跨区域的产业转移协调机制。充分发挥国家自主创新示范区、国家高新区的辐射带动作用，创新区域产业合作模式，提升区域创新发展能力。加强产业跨区域转移监督、指导和协调，着力推进统一市场建设，实现上下游区域良性互动。发挥国家产业转移信息服务平台作用，不断完善产业转移信息沟通渠道。认真落实长江经济带产业转移指南，依托国家级、省级开发区，有序建设沿江产业发展轴，合理开发沿海产业发展带，重点打造长江三角洲、长江中游、成渝、黔中和滇中等五大城市群产业发展圈，大力培育电子信息产业、高端装备产业、汽车产业、家电产业和纺织服装产业等五大世界级产业集群，形成空间布局合理、区域分工协作、优势互补的产业发展新格局。严控跨区域转移项目。对造纸、焦化、氮肥、有色金属、印染、化学原料药制造、制革、农药、电镀等产业的跨区域转移进行严格监督，对承接项目的备案或核准，实施最严格的环保、能耗、水耗、安全、用地等标准。严禁国家明令淘汰的落后生产能力和不符合国家产业政策的项目向长江中上游转移。

《2017年长江经济带五大产业集群及产业转移指南》的总体导向：牢固树立和贯彻落实创新、协调、绿色、开放、共享的发展理念，以供给侧结构性改革为主线，全面实施《中国制造2025》，坚持生态优先、绿色发展，坚持市场主导、政府引导，坚持特色突出、错位发展，以改革激发活力、以创新增强动力、以开放提升竞争力，依托国家级、省级开发区，推动长江经济带产业有序转移和协调发展，重点打造电子信息、高端装备、汽车、家电、纺织服装等世界级制造业集群，构建"一轴一带、五圈五群"产业发展格局。

（一）有序建设沿江产业发展轴

以长江黄金水道为依托，发挥上海、武汉、重庆的核心支撑，以南京、南通、镇江、扬州、芜湖、安庆、九江、黄石、鄂州、咸宁、岳阳、荆州、宜昌、万州、涪陵、江津、泸州、宜宾等沿江城市为重要节点，优化沿江产业布局，引导资源加工型、劳动密集型和以内需为主的资本、技术密集型产业向中上游有序转移，推进绿色循环低碳发展，构建绿色沿江产业发展轴。长江经济带下游沿江地区聚焦创新驱动和绿色发展，重点发展现代服务业、先进制造业和战略性新兴产业，着力建设研发集聚中心和高端制造基地，形成服务经济为主导、智能制造和绿色制造为支撑的现代产业体系；中游沿江地区加快转型升级，引导产业集聚发展，优化服务业发展结构，着力打造先进制造业基地，构建具有区域特色的产业体系；上游沿江地区突出绿色发展，重点发展区域优势特色产业，创新发展模式和业态，高起点、有针对性地承接国内外产业转移，实现产业集群式、链条式、配套式绿色发展。

（二）合理开发沿海产业发展带

合理开发与保护海洋资源，积极培育临港制造业、海洋高新技术产业、海洋服务业，加快江海联运建设，有序推进沿海产业向长江中上游地区转移，主动承接国际先进制造业和高端产业转移，构建与生态建设和环境保护相协调的沿海产业发展带。充分发挥上海的核心带动作用，紧密结合科技创新中心建设，重点发展高端船舶、海洋工程装备产业，在深海远洋装备等领域填补国内空白。依托长三角沿海地区，积极发展石化、重型装备等临港制造业，培育壮大海洋工程装备、海洋新能源、海水淡化和综合利用等新兴产业，做大做强海洋交通运输、滨海旅游等服务业，改造提升海洋船舶、盐化工等传统产业。以宁波舟山港为龙头，大力整合海港资源，加快发展具有国际竞争力的现代海洋物流业，打造全球一流的现代化枢纽港和国际港航物流中心。

（三）重点打造五大城市群产业发展圈

按照组团发展、互动协作、因地制宜的思路，以长江三角洲、长江中游、成渝等跨区域城市群为主体，黔中、滇中等区域性城市群为补充，促进城市群之间、城市群内部的产业分工协作和有序转移，构建五大城市群产业发展圈。

长江三角洲城市群。以上海为核心，依托南京都市圈、杭州都市圈、合肥都市圈、苏锡常都市圈、宁波都市圈，强化沿海、沿江、沪宁合杭甬（上海、南京、合肥、杭州、宁波）、沪杭金（上海、杭州、金华）聚合发展，聚焦电子信息、装备制造、钢铁、石化、汽车、纺织服装等产业集群发展和产业链关键环节创新，改造提升传统产业，大力发展金融、商贸、物流、文化创意等现代服务业，建设具有全球影响力的科技创新高地和全球重要的现代服务业和先进制造业中心。

长江中游城市群。增强武汉、长沙、南昌中心城市功能，依托武汉城市圈、环长株潭城市群、环鄱阳湖城市群，以沿江、沪昆和京广、京九、二广"两横三纵"（沿长江、沪昆高铁、京广通道、京九通道、二广高速）为轴线，重点发展轨道交通装备、工程机械、航空、电子信息、生物医药、商贸物流、纺织服装、汽车、食品等产业，推动石油化工、钢铁、有色金属产业转型升级，建设具有全球影响的现代产业基地和全国重要创新基地。

成渝城市群。提升重庆和成都双核带动功能，依托成渝发展主轴、沿江城市带和成德绵乐城市带，重点发展装备制造、汽车、电子信息、生物医药、新材料等产业，提升和扶持特色资源加工和农林产品加工产业，积极发展高技术服务业和科技服务业，打造全国重要的先进制造业和战略性新兴产业基地、长江上游地区现代服务业高地。

黔中城市群。增强贵阳产业配套和要素集聚能力，以贵阳—安顺为核心，以贵阳—遵义，贵阳—都匀、凯里，贵阳—毕节为轴线，重点发展资源深加工、能矿装备、航空、特色轻工、新材料、新能源、电子信息等优势产业和战略性新兴产业，推进大数据应用服务基地建设，构建大健康养生产业体系，打造国家重要能源资源深加工、特色轻工业基地和西部地区装备制造业、战略性新兴产业基地。

滇中城市群。提升昆明面向东南亚、南亚开放的中心城市功能，以昆明为核心，以曲靖—昆明—楚雄、玉溪—昆明—昭通为轴线，重点发展生物医药、大健康、物流、高原特色现代农业、新材料、装备制造、食品等产业，改造升级烟草、冶金化工等传统优势产业，打造面向西南开放重要桥头堡的核心区、国家现代服务业基地和先进制造业基地。

（四）大力培育五大世界级产业集群

利用现有产业基础，加强产业协作，整合延伸产业链条，突破核心关键技术，培育知名自主品牌，依托国家级、省级开发区，在电子信息、高端装备、汽车、家电、纺织服装五大领域培育集聚效应高、创新能力强、品牌影响大、具有国际先进水平的世界级制造业集群。

电子信息产业集群。依托上海、江苏、湖北、重庆、四川，着力提升集成电路设计水平，突破核心通用芯片，探索新型材料产业化应用，提升封装测试产业发展能力。在合肥、重庆发展新型平板显示，提高高世代掩膜板等关键产品的供应水平。依托上海、江苏、浙江、湖北、四川、贵州，重点发展行业应用软件、嵌入式软件、软件和信息技术服务，培育壮大大数据服务业态。在物联网重大应用示范工程区域试点省市和云计算示范城市，加快物联网、云计算技术研发和应用示范，推进产业发展与民生服务以及能源、环保、安监等领域的深度融合。

高端装备产业集群。依托上海、四川、江西、贵州、重庆、湖北、湖南，整合优势产业资源，发展航空航天专用装备。在浙江、安徽、湖南、重庆、湖北、四川、云南发展高档数控机床、工业机器人、3D打印、智能仪器仪表等智能制造装备。在上海、浙江、江苏、湖北、四川、重庆、湖南，发展海洋油气勘探开发设备、系统、平台等海洋工程装备。在湖南、安徽、四川、贵州发展高铁整车及零部件制造。在湖南、重庆、浙江、江苏发展城市轨道车辆制造。在上海、江苏、浙江、湖南、重庆、安徽、四川，发展大型工程机械整车及关键核心部件。

汽车产业集群。依托上海、南京、杭州、宁波、武汉、合肥、芜湖、长沙、重庆、成都等地现有汽车及零部件生产企业，提高整车和关键零部件创新能力，推进低碳化、智能化、网联化发展。依托浙江、安徽、湖北、江西、湖南等零部件生产基地，大力发展汽车零部件产业，重点提升动力系统、传统系统、汽车电子等关键系统、零部件的技术和性能，形成中国品牌汽车核心关键零部件自主供应能力。在上海、江苏、安徽、湖北、重庆、四川，重点发展新能源汽车，积极发展智能网联汽车，重点支持动力电池与电池管理系统、驱动电机及控制系统、整车控制和信息系统、电动汽车智能化技术、快速充电等关键技术研发。

家电产业集群。以江苏、安徽为重点区域，做强家电生产基地，按照智能化、绿色化、健康化发展方向，完善产业链，加快智能技术、变频技术、节能环保技术、新材料与新能源应用、关键零部件升级等核心技术突破，重点发展智能节能环保变频家电、健康厨卫电器、智能坐便器、空气源热泵空调、大容量冰箱和洗衣机等高品质家电产品，推动家电产品从国内知名品牌向全球品牌转变。

纺织服装产业集群。以长三角地区为重点，推动形成纺织服装设计、研发和贸易中心，提升高端服装设计创新能力。在湖南、湖北、安徽、江西、四川、重庆等地建设现代纺织生产基地，推动区域纺织服装产业合理分工。依托云南、贵州等地多蚕丝和麻资源、少数民族纺织传统工艺、毗邻东南亚等优势，大力发展旅游纺织品。在江苏、浙江加快发展差别化纤维、高技术纤维和生物质纤维技术及产业化。依托安徽、江西、湖南、湖北、四川等地，加强资源集聚和产业整合，全面推进清洁印染生产，推行节能降耗技术。

（五）五大产业集群优先承接导向

按照总体导向要求，依托现有产业基础，围绕打造电子信息、高端装备、汽车、家电、纺织服装五大世界级制造业集群，引导相关产业转移集聚，形成与资源环境承载力相适应的产业空间布局。各地区承接五大产业集群转移的主要载体及优先承接方向如下（表5-1至表5-5）：

表5-1　电子信息产业优先承接方向

电子信息产业			
序号	省份	产业园区	主导产业
1	上海	金桥经济技术开发区	核心芯片、通信系统设备、嵌入式软件、智能终端、平板显示
2	上海	张江高科技园区	集成电路设计、制造、封装测试，软件
3	上海	紫竹国家高新技术产业园区	软件开发与测试
4	江苏	盐城国家高新技术产业开发区	智能终端
5	江苏	盐南高新技术产业开发区	大数据存储、应用、交易，云计算
6	江苏	常州光伏产业园	太阳能光伏
7	江苏	淮安高新技术产业开发区	软件服务外包、太阳能光伏
8	江苏	江阴高新技术产业开发区	集成电路
9	江苏	金坛经济开发区	光伏电池及组件、光伏逆变器、光伏设备
10	江苏	昆山光电产业园	光电子器件
11	江苏	昆山综合保税区	通信系统设备、智能终端
12	江苏	南京白下高新技术产业园区	智能交通、云计算
13	江苏	南京高新技术产业开发区	北斗卫星应用、大数据、网络信息安全产品和服务
14	江苏	南京经济技术开发区	新型显示器、太阳能光伏
15	江苏	启东经济开发区	汽车电子、智能仪器仪表
16	江苏	无锡（太湖）国际科技园	物联网、云计算、软件服务外包、移动互联网、电子商务
17	江苏	无锡国家高新技术产业开发区	集成电路设计
18	江苏	锡山经济技术开发区	智能传感器、集成电路、液晶显示器配套产品
19	江苏	扬州经济技术开发区	半导体照明、太阳能光伏
20	浙江	富阳经济技术开发区	通信系统设备，电子计算机及其部件，光棒、光纤及生产设备
21	浙江	杭州高新技术产业开发区	软件开发、电子商务、物联网
22	浙江	宁波保税区	液晶显示屏、电子计算机及其部件、集成电路

续表

电子信息产业			
序号	省份	产业园区	主导产业
23	浙江	宁波国家高新技术产业开发区	集成电路、光电子器件
24	浙江	鄞州工业园区	电子材料、电子元器件
25	浙江	东阳横店电子产业园区	磁性材料、电子元器件
26	安徽	蚌埠高新技术产业开发区	新型显示器、电子元件
27	安徽	合肥高新技术产业开发区	智能语音、量子计算等新型计算技术应用
28	安徽	合肥经济技术开发区	数字家庭智能终端、笔记本电脑、平板电脑
29	安徽	祁门经济开发区	电子元器件（快恢复二极管、固态继电器、整流芯片）
30	安徽	铜陵经济技术开发区	印制电路板
31	湖北	武汉光谷光电子信息产业园	光通信、激光、集成电路、移动互联网、软件开发
32	湖北	武汉花山软件新城	软件开发、信息技术服务
33	江西	井冈山经济技术开发区	印制电路板、新型触控显示、LED
34	江西	南昌经济技术开发区	高像素摄像机模组、通信终端设备、LED及应用产品
35	湖南	郴州高新技术产业开发区	光电混合集成电路、LED
36	湖南	衡南工业集中区	计算机主板、光纤陶瓷插芯
37	湖南	长春经济开发区	印制电路板、电子材料（稀土）
38	重庆	巴南工业园区	液晶显示器面板、集成电路、智能终端、云计算
39	重庆	两江新区水土高新技术产业园	平板显示、云计算、大数据、半导体分立器件、软件和信息技术服务
40	重庆	两路寸滩保税港区	笔记本电脑
41	重庆	潼南工业园区	智能手机、基础电子元器件
42	重庆	西永微电子产业园区	笔记本电脑、打印机、智能电视、集成电路
43	重庆	重庆高新技术产业开发区	石墨烯材料、应用电子、智能电视
44	重庆	重庆经济技术开发区	物联网、智能手机
45	四川	成都高新技术产业开发区	软件和信息技术服务、智能终端、电子元器件
46	四川	华蓥工业集中发展区	家用视听设备、电子器件
47	四川	乐山高新技术产业开发区	电子元器件、物联网

续表

电子信息产业			
序号	省份	产业园区	主导产业
48	四川	双流工业集中发展区	软件和信息技术服务、智能终端、集成电路设计
49	四川	遂宁经济技术开发区	基础电子元器件及材料、节能型半导体照明产品
50	四川	中江高新技术产业园区	工控系统、电子元器件、工业大数据
51	贵州	贵安新区电子信息产业园	智能终端，大数据，软件服务外包，集成电路设计、封装测试
52	贵州	贵阳国家高新技术产业开发区	大数据存储、应用，电子商务

资料来源：赛迪智库整理，2018 年 3 月。

表 5 – 2 高端装备产业优先承接方向

高端装备产业			
序号	省份	产业园区	主导产业
1	上海	临港产业区	智能制造、高端能源装备、航空航天装备、船舶制造、海洋工程装备
2	上海	莘庄工业区	智能制造、智能电网
3	上海	上海国家民用航天产业基地	卫星导航应用、航天产业、船舶制造、海洋工程装备
4	江苏	南京高淳经济开发区	节能环保装备、机床（高压水射流加工机床）
5	江苏	南京江宁滨江经济开发区	核电装备、交通运输设备、智能电网、化工生产专用装备、海洋工程装备
6	江苏	南京溧水经济开发区	轨道交通装备、压力容器
7	江苏	南京六合经济开发区	高效节能设备制造、智能制造
8	江苏	常熟高新技术产业开发区	智能制造
9	江苏	海安高新技术产业开发区	电梯整机及部件、节能环保装备、轨道交通装备
10	江苏	沪苏大丰产业联动集聚区	农业机械、海洋工程装备
11	江苏	常州经济开发区	轨道交通装备、智能电网

续表

高端装备产业			
序号	省份	产业园区	主导产业
12	江苏	江阴临港经济开发区	工程机械、船舶制造、海洋工程装备、节能环保装备
13	江苏	如东经济开发区	新能源装备、石油机械、工程机械、特种车辆装备
14	江苏	江阴—靖江工业园区	船舶制造、海洋工程装备、特种车辆装备
15	江苏	金湖经济开发区	石油机械
16	江苏	昆山高端装备制造基地	工程机械、高端数控机床、基础制造装备、智能制造
17	江苏	昆山模具产业基地	精密模具
18	江苏	连云港经济技术开发区	风力发电装备
19	江苏	戚墅堰轨道交通产业园	轨道交通装备
20	江苏	如皋港船舶修造及配套产业园	船舶制造、船舶配套、海洋工程装备
21	江苏	沭阳装备制造科技产业园	轨道交通装备、节能环保装备、智能制造
22	江苏	徐州工业园区	机械配件、煤矿安全设备
23	江苏	徐州经济技术开发区	工程机械
24	江苏	盐城环保科技城	节能环保装备
25	江苏	扬州高新技术产业开发区	数控机床、机器人
26	江苏	镇江高新技术产业开发区	船舶与海洋工程配套
27	浙江	杭州经济技术开发区	橡塑机械、电动工具
28	浙江	萧山临江高新技术产业开发区	新能源装备、机器人
29	浙江	萧山经济技术开发区	数控机床、机器人
30	浙江	定海工业园区	船舶制造、海洋工程装备
31	浙江	奉化经济开发区	气动元件、密封件
32	浙江	海盐经济开发区	紧固件、标准件、核电关联装备
33	浙江	黄岩经济开发区	模具制造
34	浙江	上虞经济开发区	电气机械、通用设备
35	浙江	温岭工业园区	电机、机床工具
36	浙江	永嘉工业园区	泵阀、专用电器及成套设备
37	安徽	肥东经济开发区	工程机械（盾构机、掘进机、叉车、装载机、起重机）
38	安徽	金安经济开发区	高效节能电机

续表

高端装备产业			
序号	省份	产业园区	主导产业
39	安徽	泾县经济开发区	高效节能电机
40	安徽	马鞍山经济技术开发区	工业机器人
41	安徽	全椒经济开发区	农业机械及关键零部件
42	安徽	桐城经济技术开发区	节能环保装备
43	安徽	芜湖三山经济开发区	农业机械及关键零部件
44	湖北	洪湖石化装备制造产业园	石油化工装备
45	湖北	荆州区九阳电子机械工业园	陆地、海洋及非常规气田钻采装备
46	湖北	武汉新港古龙产业园	船舶制造
47	湖北	襄阳高端装备制造产业园	数控机床、通用航空、智能制造
48	湖北	襄阳航空航天产业园	航空航天
49	江西	芦溪工业园区	特高压电瓷
50	江西	南昌高新技术产业开发区	C919大飞机、多用途固定翼飞机、无人机研发及制造
51	江西	瑞昌经济开发区	船舶制造
52	江西	新余高新技术产业开发区	节能环保装备、风电设备、金属压延装备
53	湖南	宝庆工业集中区	工程机械、纺织机械
54	湖南	衡阳高新技术产业开发区	智能输配电装备、新能源装备、智能制造、工业机器人
55	湖南	湘潭国家高新技术产业开发区	新能源装备
56	湖南	益阳高新技术产业开发区	工程机械、橡塑机械、节能环保装备
57	湖南	长沙高新技术产业开发区	工程机械
58	湖南	长沙雨花经济开发区	智能制造、轨道交通装备
59	湖南	株洲国家高新技术产业开发区	轨道交通装备、航空航天
60	湖南	株洲渌口经济开发区	工程机械、数控机床
61	重庆	大足高新技术产业开发区	机器人、数控机床、节能环保装备
62	重庆	建桥工业园区	节能环保装备
63	重庆	九龙工业园区	工程机械、节能环保装备

续表

高端装备产业			
序号	省份	产业园区	主导产业
64	重庆	两江新区龙兴工业园	通用航空装备、发电设备
65	重庆	荣昌高新技术产业开发区	农业机械、节能环保装备
66	重庆	沙坪坝工业园区	地质装备、通用设备、电气机械
67	重庆	永川高新技术产业开发区	机器人、数控机床、通用航空装备
68	四川	德阳经济技术开发区	水电设备、风电设备、火电设备
69	四川	泸州高新技术产业园区	工业机器人、智能电网、工程机械
70	四川	青白江工业集中发展区	通用设备、轨道交通装备、新能源装备
71	四川	德阳高新技术产业园区	石油机械、通用航空装备
72	四川	江油工业园区	重大成套装备、成套破碎机重装设备及零部件、电力配套设备
73	四川	自贡高新技术开发区	泵阀、节能锅炉
74	云南	昆明高新技术产业开发区	电力装备
75	云南	昆明经济技术开发区	电力装备及其配套产业、自动化物流设备及配套产业
76	云南	嵩明杨林经济技术开发区	数控机床及配套产业
77	贵州	安顺民用航空产业国家高技术产业基地	飞机、航空附件、航空材料
78	贵州	昌明经济开发区	建筑专用设备、起重设备、输配电及控制设备、风电设备
79	贵州	丹寨金钟经济开发区	数控机床及配套产业、精密铸件
80	贵州	福泉经济开发区	高端磷煤化工装备、节能环保化工装备
81	贵州	安顺高新技术产业园区	航空装备、新能源装备（燃气轮机）、工程机械、节能环保装备
82	贵州	小孟装备制造业生态工业园	航空航天

资料来源：赛迪智库整理，2018 年 3 月。

表5-3 汽车产业优先承接方向

汽车产业			
序号	省份	产业园区	主导产业
1	上海	上海国际汽车城	汽车及零部件
2	江苏	南京溧水经济开发区	汽车及零部件
3	江苏	常熟经济技术开发区	乘用车及关键零部件
4	江苏	无锡惠山经济开发区	汽车零部件
5	江苏	扬州（仪征）汽车工业园	汽车及零部件
6	浙江	宁波杭州湾经济技术开发区	汽车及零部件
7	浙江	台州经济开发区	汽车、摩托车及零部件
8	浙江	玉环经济开发区	汽车、摩托车及零部件
9	安徽	合肥包河经济开发区	汽车及零部件
10	安徽	芜湖高新技术产业开发区	汽车及零部件
11	湖北	十堰市经济技术开发区	汽车及零部件
12	湖北	随州高新技术产业开发区	专用汽车及零部件
13	湖北	武汉经济技术开发区	汽车及零部件
14	湖北	襄阳汽车产业园	汽车及零部件
15	江西	小蓝经济技术开发区	汽车及零部件
16	湖南	长沙经济技术开发区	汽车及零部件
17	重庆	江津工业园区	汽车及零部件
18	重庆	两江新区鱼复工业园	汽车及零部件
19	四川	成都经济技术开发区	乘用车及关键零部件
20	四川	资阳经济开发区	商用车及关键零部件

资料来源：赛迪智库整理，2018年3月。

表5-4 家电产业优先承接方向

家电产业			
序号	省份	产业园区	主导产业
1	安徽	滁州经济技术开发区	家用电器、智能家电及相关设备
2	安徽	合肥高新技术产业开发区	高效节能家电
3	安徽	霍山经济开发区	LED
4	安徽	芜湖经济开发区	空调整机及零部件
5	江苏	宿迁经济技术开发区	智能家电
6	四川	广元经济技术开发区	LED

资料来源：赛迪智库整理，2018年3月。

表 5-5 纺织服装产业优先承接方向

纺织服装产业			
序号	省份	产业园区	主导产业
1	江苏	苏州吴江盛泽纺织科技产业园	化纤纺织
2	江苏	高邮经济开发区	服装
3	江苏	海门工业园区	纺织
4	江苏	江阴—睢宁工业园	无污染印染、色纺、新型纺织材料、针纺、自有品牌服装加工
5	江苏	江阴新桥园区	高档毛纺、精纺
6	江苏	金坛经济开发区	服装创意设计、高档面料及服装制造
7	江苏	南通家纺产业园	新型纺织材料、新型纤维和面料
8	江苏	沭阳纺织（纤维新材料）产业园	包覆纱、智能纺织机械、智能纺织品、智能纺织服装
9	江苏	宿迁市宿城经济开发区	高档服装、产业用纺织品、化纤仿真家纺
10	江苏	盐城市纺织染整服装工业区	印染、服装
11	浙江	绍兴袍江经济技术开发区	化纤新材料、纺织
12	浙江	温州经济技术开发区	制鞋
13	浙江	义乌经济技术开发区	纺织
14	浙江	长兴经济技术开发区	纺织、服装
15	浙江	兰溪经济开发区	纺织
16	浙江	绍兴滨海工业园区	纺织、印染
17	浙江	海宁经济开发区	皮革及其制品
18	浙江	桐乡濮院针织产业园区	针织服装
19	安徽	宿州经济技术开发区	制鞋、鞋材配套
20	湖北	荆州经济技术开发区	纺织、印染
21	湖北	荆州市沙市区	岑河针纺织针织服装、婴童装服装工业园
22	湖北	襄阳纺织服装产业园	服装、家纺、产业用纺织品
23	湖北	孝感汉川马庙纺织工业园	纺织、服装
24	湖北	孝感汉正服装工业城	纺织、服装、印染
25	江西	分宜工业园区	麻艺服装家纺、麻及麻混纺纱线和面料

续表

纺织服装产业			
序号	省份	产业园区	主导产业
26	江西	奉新工业园区	高档纱线、中高端针织面料、印染、家纺面料
27	江西	南昌昌东工业区	针织服装、印染、服装创意设计
28	湖南	华容工业集中区	婴童服饰、服装
29	湖南	蓝山经济开发区	机织服装、针织或钩针编织服装
30	重庆	开县工业园区	休闲服装、羊绒针织、内衣、户外服装
31	四川	彭州工业集中发展区	服装设计与制造、家用纺织品
32	四川	宜宾市盐坪坝产业园	纺织用高性能纤维、纺织用绣花线
33	云南	保山工贸园区	服装
34	贵州	碧江经济开发区	纺织材料、服装、制鞋
35	贵州	兴仁县工业园	织造、服装

资料来源：赛迪智库整理，2018年3月。

2017年8月4日，工业和信息化部、中国国际贸易促进委员会联合发布《关于开展支持中小企业参与"一带一路"建设专项行动的通知》（工信部联企业〔2017〕191号）[1]，积极开展中小企业产业转移活动。文件要求，支持中小企业技术、品牌、营销、服务"走出去"，鼓励中小企业引进沿线国家的先进技术和管理经验，加快培育中小企业国际竞争新优势；大力培养外向型产业集群，组织中小企业赴境外园区考察，引导企业入园发展，协助园区为入驻企业提供展览展示、商事法律、专项培训等服务，帮助中小企业提高抗风险能力；通过以大带小合作出海，鼓励中小配套企业积极跟随大企业走向国际市场，参与产能合作和基础设施建设，构建全产业链战略联盟，形成综合竞争优势；促进与沿线国家在新一代信息技术、生物、新能源、新材料等新兴产业领域深入合作。

---

① 工信部中小企业局：《关于开展支持中小企业参与"一带一路"建设专项行动的通知》，工信部网站，2017年8月4日，见 http://www.miit.gov.cn/n1146295/n1652858/n1652930/n3757016/c5755651/content.html。

第二节　2017 年产业转移的基本情况

一、地方进展情况

湖南省：3 月 9 日，根据《湖南省商务厅湖南省财政厅关于做好 2017 年承接产业转移资金申报工作的通知》（湘商承接〔2016〕5 号）要求，按照公平、公正、公开的原则，经企业自愿申报，各市州及省财政直管县市商务主管部门和财政局初审和推荐，省商务厅和省财政厅对申报项目进行了复审，确定湖南优尼沃斯医疗科技有限公司等 206 个项目为 2017 年承接产业转移资金拟支持项目。

河南省：3 月 25 日，印发《河南省制造业承接产业转移 2017 年行动计划》①，提出力争 2017 年全省制造业承接产业转移实际到位省外资金 2400 亿元，同比增长 7% 以上，打造全国制造业承接产业转移的高地、技术引进合作的示范区、国际产能和装备制造合作的重要阵地。河南承接产业转移瞄准价值链高端和终端环节强化选择性承接，同时将重点围绕装备、食品、新型材料、电子、汽车等五大主导产业实施专项攻坚行动，突出链式承接和集群引进，加快培育形成优势产业集群。

山东省：位于华北、华东和中原三大经济区交汇处的德州有着承接京津冀、济南等地优质产业转移的天然区位优势。2017 年 8 月，德州加快承接优势产业转移。② 在德州，随着协同发展战略的推进和招商引资、招才引智力度的不断加大，一批大项目、好项目相继签约落地，一批新动能加速形成。2016 年签约京津冀亿元以上项目 197 个，开工 109 个。齐河与中关村合作建设中关村海淀园齐河科技城，被列为山东省重点建设项目；德州市庆云县与

---

① 河南省工业和信息化委员会：《河南省制造业承接产业转移 2017 年行动计划》，河南工信委网站，2017 年 3 月 22 日，见 http：//www.iitha.gov.cn/newsview.aspx？id=7866。

② 《德州加快承接优势产业转移》，大众网，2017 年 8 月 17 日，见 http：//paper.dzwww.com/dzrb/content/20170817/Articel09008MT.htm。

北京通州区合作共建京津冀工业园，北锻锻压机床等 7 个项目签约进驻；平原建立京津冀鲁建材产业园。德州市优势产业之一是电动车制造业。德州有电动车企业 15 家，年生产规模近 30 万辆。齐河县是奇瑞公司目前国内唯一一家设在县级城市的生产基地。2017 年 6 月 22 日，首批新能源汽车奇瑞小蚂蚁正式下线，标志着德州市新能源汽车产业发展迈出坚实的一步。在承接产业转移的过程中，德州集聚产业配套优势，逐渐形成了向上下游拓展的产业链。在齐河县高新区，以山东大学碳纤维齐河研究中心作为技术支撑，吸引了中恒碳纤维科技发展有限公司、国家碳纤维检测中心等纷纷落户，实现科研成果的就地转化。德州还与清华大学化学工程系签署合作备忘录，与中兴集团就共建德州大数据研究院、大数据产业园等签订战略合作框架协议，通过产学研结合在融入京津冀协同发展过程中将新技术内化为核心生产力，打造新动能。

广东省、福建省：一方面在国内推进产能梯度转移，另一方面在海外谋求国际产能合作；一边是不断升级的省际合作试验区，一边是规模不断扩大的海外产业园。[1] 依托广东、福建两大自贸区，以粤港澳大湾区为龙头，"9 + 2"的泛珠区域正在全球产业格局调整中争取国际合作竞争新优势。至 2017 年底，泛珠三角、内地 9 个省份已经设立各类产业转移对接园区近 20 个，形成了珠江—西江经济带、闽粤经济合作区、粤桂合作特别试验区、粤川自贸试验区等产业合作平台。实践证明，中西部省份可以对接的转移项目不仅包括劳动密集型产业，也包括能源资源深加工、高新技术等领域，实现不同经济板块之间的优势互补。2017 年，粤桂合作特别试验区全力打造"两广金融改革创新综合试验"平台，已经设立各类产业基金、创业基金 130 多亿元。同时，试验区积极建设中国—东盟环保技术与产业合作交流示范基地等生态发展平台，强化开发地区生态修复，开展流域生态联防联控行动。泛珠区域多地积极建设海外产业园区。广东已经与伊朗格什姆自贸园区、迪拜机场自贸区建立合作关系，与马来西亚、印尼、白俄罗斯等国家商建自贸园区或产业园区。通过融入"一带一路"建设、完善联通内外的综合交通运输网络，有

---

① 新华社：《从跨省合作区到海外产业园：泛珠三角构建产业转移新路径》，中国政府网，2017 年 10 月 14 日，见 http://www.gov.cn/xinwen/2017－10/14/content_ 5231690. htm。

着独特区位优势的泛珠区域可以更大力度鼓励有条件的企业参与境外经济贸易合作区和农业合作区开发建设，推进国际产能和装备制造合作。例如，福建尚飞制衣有限公司是众多泛珠三角区域制造企业摸索产业转移新路径的缩影，近年在非洲和越南开设工厂，该公司还在江西筹建新工厂。形成国外产能在增长，国内产能在升级，两边同时发力新局面。

二、京津冀地区进展情况

河北省：6 月 1 日印发《河北省"十三五"脱贫攻坚规划》，提出大力支持贫困县积极承接京津产业转移，引导京津资源要素向贫困县流动，充分发挥京津两市定点帮扶的引领示范作用，进一步提升对贫困人口的帮扶精准度和帮扶效果。将帮助受帮扶县工业园区优先承接北京、天津市绿色清洁产业转移，加强对口帮扶双方在农产品加工、生物医药、特色轻工、新型建材、装备制造、文化旅游等领域的深度合作。[①]

京津冀：12 月 20 日，三地联合出台《关于加强京津冀产业转移承接重点平台建设的意见》[②]，这是首次提出针对产业转移对接制定的综合性、指导性文件。《意见》提出联合打造"2 + 4 + 46"产业转移承接平台，包括北京副中心和河北雄安新区两个集中承载地，曹妃甸协同发展示范区、北京新机场临空经济区、天津滨海新区、张承生态功能区这四大战略合作功能区及 46 个专业化、特色化承接平台。其中，协同创新平台 15 个，现代制造业平台 20 个，服务业平台 8 个，农业合作平台 3 个。三地将积极引导相关创新资源和转移产业向以上这些平台集中，进一步推进三地产业对接协作，带动区域产业转型升级和协同发展。

雄安新区：一方面，承接符合雄安定位的在京行政事业单位、总部企业、金融机构、高等院校、科研院所疏解转移，助力"一核"发挥好首都功能；另一方面，引导以中关村为代表的首都科技创新资源要素到雄安新区落地，

---

① 河北省办公厅：《河北省人民政府办公厅关于印发〈河北省"十三五"脱贫攻坚规划〉的通知》，河北省人民政府网站，2017 年 5 月 16 日，见 http：//info. hebei. gov. cn/eportal/ui? pageId = 1962757&articleKey = 6739082&columnId = 329982。

② 贺勇：《京津冀联合发布意见 46 个平台集中承接转移产业》，人民网，2017 年 12 月 22 日，见 http：//finance. people. com. cn/n1/2017/1222/c1004 - 29722679. html。

推动发展高端高新产业。

北京城市副中心将借北京市属行政事业单位整体或部分搬迁机遇，发展行政办公、高端商务、文化旅游、科技创新等生活性服务业，建立与城市副中心定位相适应的新兴产业体系。以金融创新、互联网产业、高端服务为重点，加快建成运河商务区，重点培育引进总部和金融产业，加强与西城金融街、朝阳 CBD 的对接合作和错位发展。

京津冀协同发展，明确四大战略合作功能区产业承接方向。具体是：引导钢铁深加工、石油化工等产业及上下游企业向曹妃甸协同发展示范区集聚；结合北京非首都功能疏解和区域产业结构升级，在北京新机场临空经济区重点发展航空物流产业和综合保税区及高新高端产业，打造国际交往中心功能承载区、国家航空科技创新引领区和京津冀协同发展示范；发挥 2022 年冬奥会筹办的牵引作用，携手张家口大力发展体育、文化、旅游休闲、会展等生态友好型产业，共建京张文化体育旅游带；引导北京金融服务平台、数据中心机构以及科技企业、高端人才等相关创新资源向滨海—中关村科技园集聚。三地经过多轮筛选，去除一些自身建设重复与同质化现象明显、公共服务配套落后、示范带动效应不足的平台，重点支持具有一定产业基础、发展潜力好、基础设施较完善、示范带动效应明显的平台。

三、"一带一路"进展情况

2017 年，我国进出口总额 27.79 万亿元人民币，同比增长 14.2%，其中出口 15.33 万亿元，增长 10.8%，进口 12.46 万亿元，增长 18.7%，顺差 2.87 万亿元，收窄 14.2%。中欧班列开行 3673 列，同比增长 116%，超过过去 6 年的总和。① 2017 年底，中欧班列在国内开行城市已达 38 个，到达欧洲 13 个国家 36 个城市，较 2016 年新增 5 个国家 23 个城市，铺设运行线路达 61 条。因为有了时速 120 公里中欧班列专用运行线，全程运行时间已从开行初

---

① 《海关总署：2017 年我国进出口 27.79 万亿元　同比增 14.2%》，人民网，2018 年 1 月 12 日，见 http：//finance. people. cn/n1/2018/0112/c1004 − 29762143. html。

期的 20 天以上逐步缩短至 12—14 天。① 中欧班列货源品类不断丰富，由开行初期的手机、电脑等 IT 产品逐步扩大到衣服鞋帽、汽车及配件、粮食、葡萄酒、咖啡豆、木材等品类。

主要体现以下特点：一是增长超出预期，增速创 6 年来新高。2017 年我国进出口增速分别比 2015 年和 2016 年高出 21.2 和 15.1 个百分点，扭转了连续两年负增长的局面。二是贸易结构不断优化。国际市场更加多元，在巩固美国、欧盟、日本等传统市场的同时，对巴西、印度、俄罗斯、南非、马来西亚等金砖国家和"一带一路"沿线国家出口实现快速增长，增幅分别达 35.2%、19.8%、17.7%、18.5% 和 13.6%。② 商品结构进一步升级，技术含量和附加值高的机电产品出口增长 12.1%，占比提高 0.7 个百分点至 58.4%，快于总体增速 1.3 个百分点，其中汽车、计算机和手机出口分别增长 27.2%、16.6% 和 11.3%。各经营主体共同发展，民营企业出口增长 12.3%，继续保持出口第一大主体，占比提高 0.6 个百分点至 46.5%。贸易方式进一步优化，一般贸易出口增长 11.7%，占比提高 0.4 个百分点至 54.3%。三是外贸创新发展的新旧动能转换加快。跨境电子商务、市场采购贸易等新业态快速增长，成为外贸增长的新亮点，新动力培育成效显著。2017 年 1—11 月，跨境电子商务综合试验区进出口增长一倍以上，市场采购贸易出口增长超过三成。一大批外贸企业持续创新，从供给侧发力，转型升级，不断提升国际竞争力。

第三节　面临的困难与挑战

一、逆全球化思维和贸易保护主义对我国承接国际产业转移产生负面影响

国际金融危机以来，西方发达国家经济复苏缓慢，反映了其内部经济、

---

① 《中欧班列，唱响丝路新机遇》，中国服务贸易指南网，2018 年 2 月 5 日，见 http://tradein-services. mofcom. gov. cn/article/news/gnxw/201802/54084. html。

② 《"一带一路"的 2017》，一带一路官网，2018 年 1 月 12 日，见 https：//www. yidaiyilu. gov. cn/xwzx/gnxw/43662. htm。

政治等矛盾突出，部分国家对 WTO 规则主导下的全球化信心开始不足。"逆全球化"问题凸显，美国为首的西方发达国家呼吁制造业回流。许多国家制定了多种多样的隐性和显性的产业发展壁垒，都为未来以信息技术为主要特征的新技术革命和国际产业转移带来新的不确定性。这些都和我国提出的"一带一路"倡议主旨是相违背的。东西方经济发展的不平衡，无论是我国承接国际产业转移，还是向国外进行产业转移都要比以前面临更多的困难。

二、对于转移方来说，产业转移的成本逐渐增高

产业转移目的地地区倾向于承接较长的产业链转移，而不仅是制造业的某个环节。通常产业转移都是由经济发达、产业发展成熟地区向发展中和欠发达地区转移。但近年来发展中国家生产要素价格上涨，比较优势变化明显，产业转移在发展中国家之间明显增多。跨国公司在向发展中国家和地区转移利润较为薄弱的加工制造环节时，已经逐渐不受欢迎。目的地国家和地区倾向建立自己完整的产业链，获取更多利润，而不仅是耗费资源较多的制造环节，这样对于降低制造业成本，对于企业增加利润来讲都是一个巨大挑战。我国很多企业已经在非洲、东南亚地区进行投资设厂，甚至逐步建立产业园，这些前期的成本投入都为企业增加了负担和不可预测的后期回报风险。

三、对于承接方来说，亟须提升目的地地区的承接能力

承接产业转移地区的上下游企业配套能力、信息网络、基础设施配套、生活性服务业配套都成为产业转移的竞争优势。发达的信息网络使得全球产业信息互通有无，现在随着技术创新频率的加快和技术创新模式的变革，大数据、云计算、信息技术、智能制造等共性技术开发和应用，技术壁垒的突破成本大幅度降低，过去信息闭塞的传统产业转移模式已经不适合今天的经济发展趋势。各地区管理部门对生态环保、绿色发展的认识都进一步加强，但对于产业基础设施不够完备的地区来讲，就会出现生态与产业发展的矛盾。在承接国际产业转移方面，东部地区明显比西部地区有更大优势。从国内和国外来看，都要求我国中西部地区积极完善当地的承接能力。

产　业　篇

第六章　钢铁产业结构调整

钢铁产业是我国国民经济发展的重要基础，为我国经济建设提供必要的原材料保障，推动了我国工业化进程的发展。经过多年的积累，我国钢铁产业取得了长足的发展。钢铁产业发展面临的形势正在发生巨大的变化。2017年，我国采取多种政策措施促进钢铁产业健康发展，推进供给侧结构性改革，其结构调整取得积极进展，如：钢铁产业去产能取得积极进展，企业经营状况有所好转等，但仍面临钢铁产业去产能压力依然较大等问题。

第一节　2017年钢铁产业结构调整的主要政策

2017年，钢铁产业持续推进供给侧结构性改革。我国先后出台了针对钢铁产业的价格政策、化解过剩产能、淘汰落后产能、防治大气污染等方面的政策，进一步推动了钢铁产业结构调整，对促进钢铁产业健康发展起到积极的作用。

一、政策基本情况

从国家层面来看，主要发布了以下政策。

2017年1月4日，国家发改委和工信部联合出台《关于运用价格手段促进钢铁行业供给侧结构性改革有关事项的通知》，《通知》规定自2017年1月1日起，对钢铁行业实行更加严格的差别电价政策，如：未按期完成化解过剩产能实施方案中化解任务的钢铁企业，其生产用电加价标准执行淘汰类电价加价标准，即每千瓦时加价0.5元阶梯电价政策；推行阶梯电价政策，如：第二档每千瓦时加价0.05元，第三档每千瓦时加价0.1元；对于实施该政策增加的电费，90%归地方政府，10%归电网企业。

2017年1月，工信部发布《新材料发展指南》，提出到2020年实现高品质特殊钢产业化及应用。要优化高性能钢铁材料的产品结构，推进以基础零部件用钢、高性能海工用钢等先进钢铁材料等先进基础材料的发展。在先进轨道交通材料方面，突破钢铁材料高洁净度、高致密度及新型冷/热加工工艺，解决坯料均质化与一致性问题，建立高精度检测系统，掌握不同工况下材料损伤与失效原理及影响因素，制定符合高速轨道交通需求的材料技术规范，提高车轮、车轴及转向架用钢的强度、耐候性与疲劳寿命并实现批量生产。

2017年2月，国家发展改革委、工信部等五部委发布了《关于进一步落实有保有压政策促进钢材市场平衡运行的通知》（发改产业〔2017〕176号）。为了巩固钢铁行业化解产能过剩的成果，提出坚定不移淘汰钢铁行业落后产能，积极支持合法合规企业加强有效供给，切实落实有保有控的金融政策，充分发挥期货价格对现货价格的预期作用，严厉打击恶意炒作、囤积居奇、假冒伪劣等行为，维护钢材市场正常经营秩序。

2017年3月，人力资源和社会保障部等五部门联合发布《关于做好2017年化解钢铁煤炭行业过剩产能中职工安置工作的通知》（人社部发〔2017〕24号），提出要抓好工作部署、拓宽安置渠道、保障职工权益、强化组织实施等。

2017年3月，工信部、国家发展改革委、财政部、人社部等16个部门联合发布了《关于利用综合标准依法依规推动落后产能退出的指导意见》（工信部联产业〔2017〕30号）。《指导意见》分为总体要求、主要任务、政策措施、组织实施四大部分。工作目标将钢铁作为行业为重点之一，通过完善综合标准体系，严格常态化执法和强制性标准实施，淘汰落后产能，缓解产能过剩矛盾，促进产业结构优化。主要任务包括能耗、环保、质量、安全、技术、产能退出等几个方面。

2017年3月，环保部、国家发展改革委等四部门和北京、天津、河北等6省市发布了《京津冀及周边地区2017年大气污染防治工作方案》，主要任务为促进产业结构调整，全面推进冬季清洁取暖，强化治理工业大气污染，采暖季工业企业要错峰生产，严格控制机动车排放，应对重污染天气等。

　　2017 年 4 月，国家质检总局出台《关于加强生产许可证管理淘汰"地条钢"落后产能加快推动钢铁行业化解过剩产能工作的通知》（质检办监函〔2017〕427 号），要求加强管理，坚决淘汰"地条钢"等落后产能，如：发现的违法违规生产"地条钢"获证企业，以及各地方政府明确的违法违规生产"地条钢"获证企业，各省级质量技术监督部门要立即办理撤销工业产品生产许可证书手续，并按程序上报总局。

　　2017 年 5 月，国家发展改革委、工信部等 23 个部门联合下发《关于做好2017 年钢铁煤炭行业化解过剩产能实现脱困发展工作的意见》（发改运行〔2017〕691 号），提出坚持市场化、法治化去产能，坚持稳中求进、稳妥有序去产能，坚持以更明确的标准科学精准去产能，坚持依法依规、严抓严管去产能的原则。要更加注重抓住处置"僵尸企业"这个牛鼻子，更加主动地运用市场化、法治化办法去产能，更加严格执行环保、质量、技术、能耗、水耗、安全等相关法律法规和标准；坚决淘汰落后产能，坚决清理整顿违法违规产能，坚决控制新增产能，坚决防止已经化解的过剩产能死灰复燃；统筹抓好产能退出、职工安置、资产处置、债务处置、兼并重组、转型升级、优化布局、供需平衡和稳定价格等重点工作。并提出了《2017 年钢铁去产能实施方案》。

表 6 - 1　2017 年国家有关钢铁产业主要政策

序号	发布时间	发布单位	政策名称
1	2017. 1. 4	国家发展改革委、工信部	《关于运用价格手段促进钢铁行业供给侧结构性改革有关事项的通知》（发改价格〔2016〕2803 号）
2	2017. 1. 23	工信部、国家发展改革委、科技部、财政部	《新材料产业发展指南》（工信部联规〔2016〕454 号）
3	2017. 2	国家发展改革委、工信部、国家质检总局、银监会、证监会	《关于进一步落实有保有压政策促进钢材市场平衡运行的通知》（发改产业〔2017〕176 号）
4	2017. 3	人社部、国家发展改革委、工信息部、财政部、国资委	《关于做好 2017 年化解钢铁煤炭行业过剩产能中职工安置工作的通知》（人社部发〔2017〕24 号）

续表

序号	发布时间	发布单位	政策名称
5	2017.3	工信部、国家发展改革委、财政部、人社部等16部门	《关于利用综合标准依法依规推动落后产能退出的指导意见》（工信部联产业〔2017〕30号）
6	2017.3	环保部、国家发展改革委、财政部、国家能源局及北京等6个地方政府	《京津冀及周边地区2017年大气污染防治工作方案》
7	2017.4	国家质检总局	《关于加强生产许可证管理淘汰"地条钢"落后产能加快推动钢铁行业化解过剩产能工作的通知》（质检办监函〔2017〕427号）
8	2017.5	国家发展改革委	《关于做好2017年钢铁煤炭行业化解过剩产能实现脱困发展工作的意见》（发改运行〔2017〕691号）
9	2017.7	国家质检总局	《关于开展钢铁产品生产许可证获证企业产品质量监督检查的通知》（质检监函〔2017〕66号）
10	2017.8	环保部、工信部等部委及北京等6个地方政府	《京津冀及周边地区2017—2018年秋冬季大气污染综合治理攻坚行动方案》（环大气〔2017〕110号）

资料来源：赛迪智库整理，2018年1月。

2017年7月，国家质检总局印发《关于开展钢铁产品生产许可证获证企业产品质量监督检查的通知》（质检监函〔2017〕66号），根据生产许可证有关法律法规和产品国家标准要求，对已经获得钢铁产品生产许可证的企业进行证后随机监督检验。

2017年8月，环保部、工信部等9个部门和北京等6个地方政府联合发布《京津冀及周边地区2017—2018年秋冬季大气污染综合治理攻坚行动方案》（环大气〔2017〕110号），要求"2+26"城要加大减排力度，加强综合治理，实施错峰生产。该方案提出的主要目标是2017年10月至2018年3月，京津冀大气污染传输通道城市PM2.5平均浓度同比下降15%以上，重污染天数同比下降15%以上。提出了建设完善空气质量监测网络体系、加快推进"散乱污"企业及集群综合整治、切实加强工业企业无组织排放管理等11项主要任务。

从地方层面来看，天津市发改委、工信委发布了《关于运用价格手段促进钢铁行业供给侧结构性改革有关事项的通知》，天津市环保局制订了《关于进一步加强我市火电、钢铁等重点行业大气污染深度治理有关工作的通知》，天津市政府提出了《天津市 2017 年大气污染防治工作方案》（津政发〔2017〕14 号）；河北省发改委出台了《关于运用价格手段促进钢铁行业供给侧结构性改革有关问题的通知》（冀发改价格〔2017〕438 号）、《关于办理钢铁行业违规项目补充备案有关事项的通知》（冀发改产业〔2017〕926 号）和《关于加快推进全省钢铁行业环保提标治理改造和达标验收进程衔接排污许可证核发工作的通知》（冀环办发〔2017〕81 号），河北省环保厅发布了《河北省重污染天气应对及采暖季错峰生产专项实施方案》；山东省人民政府办公厅出台了《山东省落实〈京津冀及周边地区 2017—2018 年秋冬季大气污染综合治理攻坚行动方案〉实施细则》（鲁政办字〔2017〕150 号）；山西省发改委发布了《关于公布我省钢铁行业用电差别电价阶梯电价加价标准的通知》（晋发改商品发〔2017〕412 号）；四川省人民政府办公厅出台了《关于进一步严厉打击违法违规生产销售"地条钢"的通知》（川办函〔2017〕22 号）；重庆市人民政府办公厅制定了《重庆市人民政府办公厅关于印发重庆市 2017 年钢铁行业去产能工作实施方案的通知》（渝府办发〔2017〕40 号）；湖南省发改委发布了《关于贯彻落实钢铁企业实行差别电价、阶梯电价政策有关问题的通知》（株发改发〔2017〕128 号）；广东省人民政府出台了《广东省人民政府关于进一步完善长效机制坚决防止"地条钢"死灰复燃的通知》（粤府函〔2017〕263 号）；安徽省经信委发布了《安徽省钢铁行业化解过剩产能实现脱困发展办公室关于建立打击取缔"地条钢"工作长效机制的通知》（皖经信明电〔2017〕132 号）。

表6-2　2017年地方政府有关钢铁产业主要政策

序号	发布时间	发布单位	政策名称
1	2017.5	天津市发改委、工信委	《关于运用价格手段促进钢铁行业供给侧结构性改革有关事项的通知》
2	2017.10	天津市环保局	《关于进一步加强我市火电、钢铁等重点行业大气污染深度治理有关工作的通知》
3	2017.4	天津市政府	《天津市2017年大气污染防治工作方案》（津政发〔2017〕14号）
4	2017.4	河北省发改委	《关于运用价格手段促进钢铁行业供给侧结构性改革有关问题的通知》（冀发改价格〔2017〕438号）
5	2017.7	河北省发改委	《关于办理钢铁行业违规项目补充备案有关事项的通知》（冀发改产业〔2017〕926号）
6	2017.8	河北省发改委	《关于加快推进全省钢铁行业环保提标治理改造和达标验收进程衔接排污许可证核发工作的通知》（冀环办发〔2017〕81号）
7	2017.8	河北省环保厅	《河北省重污染天气应对及采暖季错峰生产专项实施方案》
8	2017.9	山东省人民政府办公厅	《山东省落实〈京津冀及周边地区2017—2018年秋冬季大气污染综合治理攻坚行动方案〉实施细则》（鲁政办字〔2017〕150号）
9	2017.6	山西省发改委	《关于公布我省钢铁行业用电差别电价阶梯电价加价标准的通知》（晋发改商品发〔2017〕412号）
10	2017.2	四川省人民政府办公厅	《关于进一步严厉打击违法违规生产销售"地条钢"的通知》（川办函〔2017〕22号）
11	2017.6	重庆市人民政府办公厅	《重庆市人民政府办公厅关于印发重庆市2017年钢铁行业去产能工作实施方案的通知》（渝府办发〔2017〕40号）
12	2017.5	湖南省发改委	《关于贯彻落实钢铁企业实行差别电价、阶梯电价政策有关问题的通知》（株发改发〔2017〕128号）
13	2017.10	广东省人民政府	《广东省人民政府关于进一步完善长效机制坚决防止"地条钢"死灰复燃的通知》（粤府函〔2017〕263号）
14	2017.11	安徽省经信委	《安徽省钢铁行业化解过剩产能实现脱困发展办公室关于建立打击取缔"地条钢"工作长效机制的通知》（皖经信明电〔2017〕132号）

资料来源：赛迪智库整理，2018年1月。

二、重点政策解析

（一）多措并举化解过剩产能

2017 年是钢铁行业化解过剩产能的攻坚年。所以，在所出台的政策中，依然较为重视过剩产能的化解。《关于做好 2017 年钢铁煤炭行业化解过剩产能实现脱困发展工作的意见》提出上半年重点是依法取缔"地条钢"产能，探索建立化解和防范产能过剩的长效机制。《2017 年钢铁去产能实施方案》提出的目标有，2017 年 6 月 30 日前，"地条钢"产能依法彻底退出，2017 年退出粗钢产能 5000 万吨左右；钢铁去产能的重点是坚决依法彻底取缔"地条钢"违法违规产能，依法彻底拆除生产"地条钢"用的中（工）频炉主体设备、变压器、除尘罩、操作平台及轨道等设施；坚决淘汰落后产能，全面关停并拆除 400 立方米以下炼铁高炉（符合《铸造用生铁企业认定规范条件》的铸造高炉除外）、30 吨及以下炼钢转炉、30 吨及以下炼钢电炉（高合金电弧炉除外）等落后生产设备；加快退出长期停工停产的"僵尸企业"，关停出清已停产半停产、连年亏损、资不抵债的，以及没有自我发展能力且难以正常退出的企业；依法依规退出达不到强制性标准的产能，执法的重点是不符合钢铁行业规范条件的企业。《关于进一步落实有保有压政策促进钢材市场平衡运行的通知》强调，要严厉打击违法生产和销售"地条钢"行为，在 2017 年 6 月底前依法全面取缔生产建筑用钢的工频炉、中频炉产能。立即关停并拆除 400 立方米以下炼铁高炉（符合《铸造用生铁企业认定规范条件》的铸造高炉除外）、30 吨及以下炼钢转炉、30 吨及以下炼钢电炉（高合金电弧炉除外）等落后生产设备。《关于加强生产许可证管理淘汰"地条钢"落后产能加快推动钢铁行业化解过剩产能工作的通知》要求坚决查处违法违规生产"地条钢"。《京津冀及周边地区 2017 年大气污染防治工作方案》提出"2 + 26"城市要提前完成化解钢铁过剩产能任务，其中，廊坊和保定市是重中之重。可见，对"地条钢"取缔的措施更加严厉、坚决，并要求彻底出清。

（二）加大对环境的保护力度

为改善空气质量，通过设置限制排放值、错峰生产等措施，减少污染物的排放。《京津冀及周边地区2017年大气污染防治工作方案》提出实施排放限值。9月底前，"2＋26"城市行政区域内所有钢铁、燃煤锅炉排放的二氧化硫、氮氧化物和颗粒物大气污染物执行特别排放限值。重点排污单位全面安装大气污染源自动监控设施，并与环保部门联网，实时监控污染物排放情况。实施工业采暖季错峰生产。重点城市加大钢铁企业限产力度。各地实施钢铁企业分类管理，按照污染排放绩效水平，制定错峰限停产方案。石家庄、唐山、邯郸、安阳等重点城市，采暖季钢铁产能限产50%，以高炉生产能力计，采用企业实际用电量核实。《京津冀及周边地区2017—2018年秋冬季大气污染综合治理攻坚行动方案》明确钢铁行业是系统排查无组织排放的重点之一。要求钢铁企业应安装自动监控设施，加强自动监控设施运营维护，数据传输有效率达到90%。对钢铁行业排污许可技术规范要求必须安装烟气自动监控设施的环节。"2＋26"城的钢铁行业要进行分类管理，实施错峰生产。

（三）切实做好去产能过程中职工的安置

2017年，钢铁产业去产能的任务量依然较大，在此过程中，由于要处置"僵尸企业"，关停落后设备，一部分人员就需要重新安置。

《关于做好2017年化解钢铁煤炭行业过剩产能中职工安置工作的通知》提出要拓宽安置渠道。一是鼓励企业更多内部分流。企业可以通过内部调剂、劳务派遣、职工输出多渠道分流安置富余人员。允许职工与企业协商一致后，保留一定期限劳动关系离岗创业。工业企业结构调整专项奖补资金可以用于职工的转岗培训。二是促进转岗就业创业。大力实施再就业帮扶行动，提前了解分流职工的就业需求，细化帮扶方案。组织开展劳务对接协作、联合招聘、校企合作培养等活动。三是强化托底安置。对于就业困难的人员，采用多种方式进行安置，保障其就业。《关于做好2017年钢铁煤炭行业化解过剩产能实现脱困发展工作的意见》提出深入细致做好职工安置和社会稳定工作。继续将职工安置作为重中之重，工作措施要深入细致到位，确保职工有安置、社会可承受、民生有保障。进一步摸清涉及职工底数，指导企业依法依规制定和落实职工安置方案。支持企业多渠道分流安置职工，挖掘内部转岗分流潜力，落实好稳岗补贴政策。加强对失业人员再就业帮扶，强化职业培训、就业服务和政策扶持，做好社会保障衔接。加大对困难人员援助力度，重点加强对"4050"人员的帮扶，解决好零就业家庭问题，帮助特困地区和特困群众解决生活困难，发挥好社会保障和生活救助的托底作用，确保没有能力再就业人员的基本生活。实施对东北等困难地区就业援助行动，指导和推动资源枯竭地区培育发展劳动密集型接续产业，推进创业服务载体建设。加强风险防范，完善并落实应急预案，及时协调解决职工安置中的突发情况，预防和妥善化解群体性事件。《2017 年钢铁去产能实施方案》提出严格履行职工安置程序，多方开辟职工安置途径，努力做到职工转岗不下岗、转业不失业。

（四）推进钢铁产业转型升级

为进一步推动钢铁产业转型升级，主要采取了诸如实施差别电价、鼓励兼并重组、优化产品结构、加强新技术的应用等措施。

《关于运用价格手段促进钢铁行业供给侧结构性改革有关事项的通知》等文件的目的就是通过实施钢铁行业差别电价、阶梯电价等政策，运用价格手段促进钢铁行业供给侧结构性改革。《关于做好 2017 年钢铁煤炭行业化解过剩产能实现脱困发展工作的意见》提出，鼓励优势企业按照市场化原则加大兼并重组力度，推动钢铁行业跨地区、跨所有制的兼并重组，支持钢铁行业重大兼并重组，鼓励有条件、有实力的钢铁企业通过多种方式开展国际产能合作。加大钢结构建筑推广应用，促进钢铁企业产品结构调整。《2017 年钢铁去产能实施方案》提出，加快推进转型升级，促进产业布局进一步优化。鼓励企业大力发展智能制造，加快推进钢铁制造信息化、数字化与制造技术融合发展，重点培育流程型智能制造、网络协同制造、大规模个性化定制、远程运维等智能制造新模式，提升企业品种高效研发、稳定产品质量、柔性化生产组织、成本综合控制等能力。深入推进绿色制造，加快实施先进适用以及成熟可靠的节能环保工艺技术改造升级。加快钢结构推广应用，推进钢结构建筑试点示范和产业基地建设，提高钢结构应用比例和用钢水平。《新材料产业发展指南》提出，到 2020 年，新材料产业基本形成规模化、集聚化发展态势，突破金属材料、复合材料、先进半导体材料等领域技术装备制约，在碳纤维复合材料、高品质特殊钢、先进轻合金材料等领域实现 70 种以上重点新材料的产业化及应用。加快推进基础零部件用钢、高性能海工用钢等先进钢铁材料的升级。

第二节　2017年钢铁产业结构调整的主要情况

2017年，我国钢铁产业的结构调整取得了积极的进展。如：粗钢产量实现平稳增长，钢材的价格实现较大增长，在这一年里，我国又超额完成了去产能的任务目标，并且全面取缔了"地条钢"。

一、钢铁产量稳步增长，价格有较大幅度提高

近年来，我国钢铁产量总体上呈现出上升的趋势，如图6-1所示。虽然2015年和2016年的粗钢产量出现了下降，但2017年，我国粗钢产量达到8.32亿吨，同比增长5.7%，达到历史最高水平。

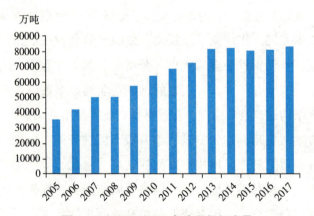

图6-1　2005—2017年我国粗钢产量

资料来源：国家统计局、Wind数据库。

2017年，受钢铁去产能工作深入推进、"地条钢"全面取缔、采暖季错峰生产和市场需求回升等因素影响，我国钢材的价格出现了大幅上涨。2017年12月底，我国钢材价格指数为121.8，比年初上升22.3点，涨幅22.4%，其中长材价格指数由年初的97.6升至129.0，涨幅32.2%；板材价格指数由年初的104.6升至117.4，涨幅12.2%。细分品种中，国内螺纹钢价格从年初

的 3268 元/吨上涨到年底的 4447 元/吨。[①] 6.5mm 高线、20mm 中板、1.0mm 冷轧板卷平均价格分别为每吨 4613 元、4341 元和 5023 元，同比分别增长 34.7%、19.6% 和 6.2%。

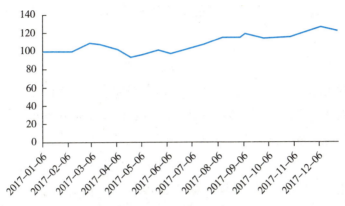

图 6 - 2　2017 年我国钢铁价格指数

资料来源：Wind 数据库。

二、去产能任务超额完成、"地条钢"全面取缔

2017 年是钢铁去产能的攻坚之年，《政府工作报告》的目标是化解 5000 万吨的钢铁产能，全年超额完成年度目标任务。在"十三五"的前两年，钢铁完成去产能已超过 1.15 亿吨。2017 年全年，共清理了 1.4 亿吨"地条钢"，至此我国的"地条钢"已经全面出清。"地条钢"生产工艺简单，质量低下，对建筑质量、对生态环境、对钢铁产业都会带来较大的危害。"地条钢"的出清，从根本上扭转了"劣币驱逐良币"现象，实现了优胜劣汰，市场环境得到改善，钢材的质量得到进一步的提升，为钢铁产业健康发展奠定了良好的基础。

从各地区来看，河北、江苏、山东等省和部分中央企业在去产能方面成绩突出，合计粗钢压减量约占全国的 75%。如：2017 年，河北省全年共压减炼钢产能 2555 万吨、炼铁产能 2066 万吨、全面取缔"地条钢"；唐山全年化解炼钢产能 993 万吨，炼铁产能 576 万；山东化解粗钢产能 527 万吨、生铁产

---

① 工业和信息化部：《2017 年钢铁行业运行情况及 2018 年工作考虑》。

能 175 万吨；江苏减少钢铁产能 634 万吨；山西退出炼钢产能 325 万吨；辽宁清理 66 家"地条钢"生产企业；云南压减粗钢产能 96.5 万吨；甘肃退出"地条钢"生产企业 15 家；陕西化解钢铁过剩产能 210 万吨，取缔"地条钢"生产企业 18 家；四川去除钢铁产能超过 1000 万吨。

三、企业经营状况明显好转

受钢铁市场价格不断上涨，市场环境不断完善等因素的影响，我国钢铁企业的经营状况明显好转。我国钢铁产业在 2016 年的时候结束了全行业亏损的局面，扭亏为盈，经营状况好转，2017 年钢铁企业继续保持了良好的发展势头。2017 年，我国黑色金属冶炼和压延加工业的主营业务收入为 6.74 万亿元，同比增长 22.4%，实现利润总额 3419 亿元，同比增长 177.8%。2017 年，中国钢铁工业协会统计的重点大中型企业累计实现销售收入 3.69 万亿元，同比增长 34.1%，实现利润 1773 亿元，同比增长 613.6%。2017 年 1—4 月份重点大中型钢铁企业累计实现利润总额 329.1 亿元，超过 2016 年全年利润总和。

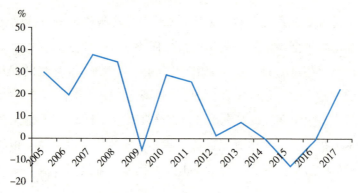

图 6 - 3　2005—2017 年黑色金属冶炼和压延加工业主营业务收入增速

资料来源：Wind 数据库。

四、钢铁产品不断迈向高端

我国钢铁产业不断推进供给侧结构性改革，更加重视创新驱动，产品向高端发展。太钢研发出圆珠笔笔头用不锈钢新材料，产品质量和性能稳定，已经成功应用于国内制笔厂家，我国笔头用不锈钢材料的自主研发又迈出了新的一步，改变了长期依赖进口的局面，未来有望完全实现进口替代。我国标准动车组"复兴号"的车轮由马钢自主研发，打破了国外的长期垄断。2017年5月，我国自主研制的第一款民航大飞机C919大型客机成功完成首飞，其中的飞机起落架是宝钢特钢研发的，河钢旗下的舞钢自主研发的390mm厚度的20M电渣重熔钢板用于制造大飞机8万吨的模锻压机设备，这种钢板在国内独一无二；我国自主研发的"华龙一号"，是我国核电"走出去"的首推堆型，其中的福清核电5号机组的核反应堆的安全闸门由河钢研发，属于核电领域最高等级的安全闸门。

此外，我国已经建立了第一只钢铁产业结构调整基金。该基金由中国宝武集团、WL罗斯公司、中美绿色基金、招商局集团共同发起，基金规模约为400亿元到800亿元，组织形式为有限合伙。这四家单位共同出资10亿元，其中每家分别出资25%、26%、25%、24%，设立四源合股权投资管理公司。该基金主要通过专业化、市场化运作，推动我国钢铁产业的去产能、国际产能合作等方面的发展，促进我国钢铁产业结构调整和转型升级，实现钢铁产业持续健康发展。

第三节　面临的问题与挑战

虽然我国钢铁产业结构调整取得了一定的成效，"地条钢"全面出清，整个产业的经营状况有所好转，市场环境不断完善，但是钢铁产业发展过程中依然面临着许多困难，如产能过剩矛盾依然较为严峻、"地条钢"可能再现、钢铁企业面临着较大的环保压力等。

一、去产能的压力依然较大

一是防范新增产能压力较大。当前，钢铁产品的市场形势正在不断好转，部分停产企业陆续恢复生产，这将导致企业不再愿意主动退出，加大了去产能任务的难度。近期，我国钢铁产业利润出现恢复性增长，在此情况下，部分地区和企业可能又出现了新上钢铁冶炼项目的想法，这必将增大产能的反弹。二是防范"地条钢"死灰复燃压力加大。2017 年，"地条钢"产能被全面出清，但随着钢材价格的上涨，"地条钢"有可能会死灰复燃。近来，黑龙江、吉林等地区已经出现了几件"地条钢"死灰复燃案例，虽然这些事件很快得到查处，但造成了恶劣的影响。

二、钢铁企业环保压力不断增大

近几年，大气环境质量问题严重。我们已经树立起"绿水青山就是金山银山"理念，公众对生态环境保护的意识日益提高。2015 年环境统计年报显示，钢铁产业的二氧化硫、氮氧化物、烟粉尘排放量分别为 173.6 万吨、104.3 万吨、357.2 万吨，占重点调查工业企业排放量的比例分别为 12.4%、9.6%、32.2%。[①] 国家出重拳进行污染防治。为了确保京津冀及周边的大气质量，相关部门专门出台了相关的工作方案，要求钢铁产业企业进行错峰生产，各地方政府也高度重视，采取了多种措施治理大气污染。从目前的限产政策措施来看，采暖季限产 50% 的政策产生的效果较为明显，这一措施将继续施行。所以，环保政策的不断升级和收紧，国家环保督察趋于常态化，钢铁企业的生存压力也不断加大，对钢铁企业技术和装备升级形成倒逼。

三、创新能力仍需进一步提高

我国已经成为钢铁生产第一大国，整体工艺装备、技术水平已经取得了长足的发展。但是，仍存在产品档次较低、高端钢材产品供给无法满足市场需求、同质化竞争严重、质量稳定性不强等问题。所以，钢铁产业的创新能力仍待进一步提高，仍存在着部分前沿技术、核心技术和关键技术的缺失。而且钢铁产业下游的用户对钢铁品质的要求不断提高，如汽车的轻量化要求汽车用钢性能要提高。所以，这对钢铁产业的创新能力提出了更高的要求。

---

① 全国环境统计公报。

第七章　有色金属产业结构调整

我国有色金属产业规模庞大，品类齐全，生产体系涵盖采选、冶炼、加工等各个环节。随着全球经济缓慢复苏、新产业发展带来了新增需求，有色金属产业的整体形势稳中向好，但不同品种间的价格走势进一步分化，有色金属冶炼加工行业应对贸易壁垒、管控生产成本、实现绿色发展的压力有所增加，仍面临各方面的风险因素。2017年，有色金属行业深化国企改革，开展体制机制创新，大力促进企业丰富产品供给、提质增效，加快了产业结构升级步伐，各项工作取得了积极进展。国务院印发了《全国国土规划纲要（2016—2030年）》《关于全民所有自然资源资产有偿使用制度改革的指导意见》等文件，加强有色金属资源的集约利用，保障有色金属产业在中长期的产业安全、持续发展能力。

第一节　2017年有色金属产业结构调整的主要政策

一、政策基本情况

2017年，我国推动有色金属产业去产能的工作已大体完成，但铝冶炼的产能还需进一步调整优化。工业和信息化部印发了《关于企业集团内部电解铝产能跨省置换工作的通知》和《关于电解铝企业通过兼并重组等方式实施产能置换有关事项的通知》，推动电解铝产能的优化配置。

2017年，有色金属产业结构调整的重点转向矿物原料的集约利用、新型金属材料产业的发展。国务院先后印发《全国国土规划纲要（2016—2030年）》《关于全民所有自然资源资产有偿使用制度改革的指导意见》，进一步规范了金属矿产资源的开发利用机制。最高人民法院发布了《关于审理矿业权纠纷案件适用法律若干问题的解释》，加大对违规审批、违法开采行为的打击力度。国税总局、国土资源部制定了《关于落实资源税改革优惠政策若干事项的公告》《矿业权交易规则》，优化了金属矿产开采税费和交易规则。工业和信息化部则发布了《关于推进黄金行业转型升级的指导意见》。在节能环保和循环利用方面，国务院印发《生产者责任延伸制度推行方案》，对铅蓄电池生产者的回收利用责任作出规定。工业和信息化部印发了《关于征集涉重金属重点行业清洁生产先进适用技术的通知》，征集聚氯乙烯、铬盐、无机颜料、铜冶炼、铅锌冶炼、锡锑冶炼、电池、皮革八个重点行业涉重金属清洁生产技术、工艺和装备。为了更好地发展新型金属材料，工业和信息化部制定了《重点新材料首批次应用示范指导目录（2017 年版）》，并与财政部、保监会共同发布了《关于开展重点新材料首批次应用保险补偿机制试点工作的通知》，大力支持企业研发应用新型金属材料。

表 7 - 1　2016—2017 年有色金属产业结构调整相关政策

发布时间	发布部门	文件名称
2016. 12	工业和信息化部	《关于商请组织开展打击稀土违法违规行为专项行动的函》（工信厅联原函〔2016〕764 号）
2016. 12	工业和信息化部	《再生铅行业规范条件》（中华人民共和国工业和信息化部公告 2016 年第 60 号）
2016. 12	国家发展改革委、工业和信息化部、国家能源局	《关于完善用电政策促进有色金属工业调结构促转型增效益有关工作的通知》（发改能源〔2016〕2462 号）
2017. 1	国务院	《全国国土规划纲要（2016—2030 年）》（国发〔2017〕3 号）
2017. 1	国务院	《生产者责任延伸制度推行方案》（国办发〔2016〕99 号）
2017. 1	国务院	《关于全民所有自然资源资产有偿使用制度改革的指导意见》（国发〔2016〕82 号）
2017. 1	国家税务总局、国土资源部	《关于落实资源税改革优惠政策若干事项的公告》（国家税务总局国土资源部公告 2017 年第 2 号）

续表

发布时间	发布部门	文件名称
2017.1	工业和信息化部、国家发展改革委、科技部、财政部	《关于印发〈新材料产业发展指南〉的通知》（工信部联规〔2016〕454号）
2017.2	工业和信息化部	《关于推进黄金行业转型升级的指导意见》（工信部原〔2017〕10号）
2017.3	工业和信息化部	《关于征集涉重金属重点行业清洁生产先进适用技术的通知》（工厅节〔2017〕202号）
2017.7	最高人民法院	《关于审理矿业权纠纷案件适用法律若干问题的解释》（法释〔2017〕12号）
2017.9	工业和信息化部	《重点新材料首批次应用示范指导目录（2017年版）》（工信部原〔2017〕168号）
2017.9	工业和信息化部、财政部、保监会	《关于开展重点新材料首批次应用保险补偿机制试点工作的通知》（工信部联原〔2017〕222号）
2017.9	工业和信息化部	《关于企业集团内部电解铝产能跨省置换工作的通知》（工信厅原〔2017〕101号）
2017.9	国土资源部	《矿业权交易规则》（国土资规〔2017〕7号）
2018.1	工业和信息化部	《关于电解铝企业通过兼并重组等方式实施产能置换有关事项的通知》（工信部原〔2018〕12号）

资料来源：赛迪智库整理，2018年1月。

二、重点政策解析

（一）《关于完善用电政策促进有色金属工业调结构促转型增效益有关工作的通知》（发改能源〔2016〕2462号）

为贯彻落实《国务院办公厅关于营造良好市场环境促进有色金属工业调结构促转型增效益的指导意见》，国家发展改革委、工业和信息化部、国家能源局明确了有色金属行业参与电力直接交易的方针政策。

《通知》要求，对符合《产业结构调整指导目录》、规范条件等国家产业政策并且单位能耗、环保排放达到国家标准的有色金属企业，应全部电量参与电力直接交易，不受电压等级限制。也可由售电公司代理参与电力直接交易，鼓励交易双方签订中长期合同。凡是参加电力直接交易的有色金属企业，均不再执行对应的目录电价，也不再纳入用电计划管理，通过与发电企业自由协商、集中竞价等方式确定交易价格和交易电量，按规定支付电网企业输配电价、缴纳政府性基金和承担政策性交叉补贴。参与市场交易前，由电网企业提供保底供电服务，保底供电价格执行政府价格主管部门制定的目录电价。上述规定，对于有色金属企业降低用电成本、确保电力供应、平抑成本波动，都有直接而显著的帮助。

《通知》提出，鼓励有色金属行业存量自备电厂并网运行。自备电厂的建设和运行应符合国家能源产业政策和电力规划布局要求，严格执行国家节能和环保排放标准，公平承担社会责任，按规定缴纳政府性基金和承担政策性交叉补贴、合理缴纳备用费，履行相应的电力调峰义务。这一方针，有利于有色金属企业公平竞争，特别是对于生产规模有限、未建有自备电厂的企业而言，可以通过集约发展、精益生产的策略，保持市场竞争力。

（二）《关于全民所有自然资源资产有偿使用制度改革的指导意见》（国发〔2016〕82号）

《指导意见》强调，全面落实禁止和限制设立探矿权、采矿权的有关规定，强化矿产资源保护。改革完善矿产资源有偿使用制度，明确矿产资源国家所有者权益的具体实现形式，建立矿产资源国家权益金制度。完善矿业权有偿出让制度，在矿业权出让环节，取消探矿权价款、采矿权价款，征收矿业权出让收益。进一步扩大矿业权竞争性出让范围，除协议出让等特殊情形外，对所有矿业权一律以招标、拍卖、挂牌方式出让。严格限制矿业权协议出让，规范协议出让管理，严格协议出让的具体情形和范围。完善矿业权分级分类出让制度，合理划分各级国土资源部门的矿业权出让审批权限。完善矿业权有偿占用制度，在矿业权占有环节，将探矿权、采矿权使用费调整为矿业权占用费。合理确定探矿权占用费收取标准，建立累进动态调整机制，利用经济手段有效遏制"圈而不探"等行为。根据矿产品价格变动情况和经济发展需要，适时调整采矿权占用费标准。完善矿产资源税费制度，落实全面推进资源税改革的要求，提高矿产资源综合利用效率，促进资源合理开发利用和有效保护。

《指导意见》要求，系统部署改革试点。稳妥推进矿业权出让制度等各相关改革试点。试点重点在国家生态文明试验区、健全国家自然资源资产管理体制试点地区和其他具备条件的地区进行。各相关部门要加强指导，做好总结评估，发现问题及时纠偏。《指导意见》强化了矿产资源的有偿使用制度，对各个环节的交易方式，重点防范并坚决遏制炒矿、贱卖国有采矿探矿权以及其他权利寻租、利益输送、暗箱操作行为，有利于我国有色金属矿产资源的可持续利用、优化配置。

(三)《全国国土规划纲要（2016—2030 年）》（国发〔2017〕3 号）

《规划纲要》明确了有色金属产业基地的空间布局。要求发挥资源优势，在中西部地区适度建设有色金属深加工基地；利用进口铜、镍等原料，在沿海地区合理布局建设有色金属基地。加大稀土等资源保护力度，合理控制开发利用规模，促进新材料及应用产业有序发展。《规划纲要》要求，严格限制高污染项目建设。依法淘汰钢铁、水泥、化工、有色等行业落后产能，有效控制区域性复合型大气污染。加大土壤重金属污染治理力度，推动有色金属冶炼、皮革、电镀、铅酸蓄电池等行业技术更新改造，减少污染排放。在长江中游和皖江地区，强化鄱阳湖、洞庭湖、汉江、湘江、巢湖等河湖生态建设和保护，防治土壤重金属污染和面源污染。

《规划纲要》要求，开展矿山地质环境恢复和综合治理，推进历史遗留矿山综合整治，稳步推进工矿废弃地复垦利用，到 2030 年历史遗留矿山综合治理率达到 60% 以上。严格落实新建和生产矿山环境治理恢复和土地复垦责任，完善矿山地质环境治理恢复等相关制度，依法制定有关生态保护和恢复治理方案并予以实施，加强矿山废污水和固体废弃物污染治理。加快绿色矿山建设，进一步完善分地区分行业绿色矿山建设标准体系，全面推进绿色矿山建设，在资源相对富集、矿山分布相对集中的地区，建成一批布局合理、集约高效、生态优良、矿地和谐的绿色矿业发展示范区，引领矿业转型升级，实现资源开发利用与区域经济社会发展相协调。到 2030 年，全国规模以上矿山全部达到绿色矿山标准。

《规划纲要》重点提出，提升非能源重要矿产资源保障能力。一是加强重要矿产资源勘查。积极实施找矿突破战略行动，以铁、铜、铝、铅、锌、金、钾盐等矿种为重点，兼顾稀有、稀散、稀土金属和重要非金属矿产，完善以市场为导向的地质找矿新机制，促进地质找矿取得重大突破。加强重点成矿区带勘查，摸清海洋矿产资源家底，建设一批矿产资源勘查开采接续基地，塑造资源安全与矿业发展新格局。积极参与国外矿产资源勘探开发。到2030年，重要矿产资源探明储量保持稳定增长。二是强化矿产资源合理开发与保护。提高铁、铜、铝土矿等重要金属矿产持续供应能力，开发石墨等新型非金属矿物材料。积极开发利用战略性新兴矿产，加强重要优势矿产保护，对保护性开采特定矿种实行开采总量控制。健全战略储备与商业储备相互结合、矿产品储备与矿产地储备互为补充的重要矿产储备体系。到2030年，重要矿产国内保障程度有所提高。三是推进矿产资源综合利用。加强低品位、共伴生、难选冶矿产资源的综合评价和综合利用，增加和盘活一批资源储量，加快安全高效先进的采选技术设备研发与推广，减少储量消耗和矿山废弃物排放。建立矿产资源采选回收率准入标准管理和监督检查体系，开展矿产资源综合利用试点示范，推进矿产资源综合利用示范基地和绿色矿山建设，带动矿产资源领域循环经济发展，提升矿产资源开采回采率、选矿回收率和综合利用率整体水平，提高矿产资源利用效率。

《规划纲要》强调，深化矿产资源管理制度改革。探索建立矿产资源权益金制度，进一步深化矿产资源有偿使用制度改革，建立最低勘查投入标准和矿业权使用费动态调整机制，调整矿业权使用费征收标准。严格控制和规范矿业权协议出让，全面推进矿业权市场建设，完善矿产资源开发收益分配机制。健全完善矿产资源节约与综合利用技术标准体系，制定完善重要矿产资源"三率"（开采回采率、选矿回收率、综合利用率）标准。健全矿产资源节约与综合利用调查和监测评价制度，强化矿产资源节约与综合利用激励约束机制，完善资源配置、经济激励等引导政策，促进资源持续利用。制定矿产资源勘查、矿产资源储备保护、矿山生态保护和恢复治理等支持政策。

（四）《关于印发〈新材料产业发展指南〉的通知》（工信部联规〔2016〕454号）

《新材料产业发展指南》提出了新型有色金属材料的发展方向，主要包括高强铝合金，高强韧钛合金、镁合金，高性能永磁、高效发光、高端催化等稀土功能材料，记忆合金，液态金属，新型低温超导及低成本高温超导材料。围绕"中国制造2025"十大重点领域的需求，明确了各重点领域急需发展的先进有色金属材料；围绕增材制造等前沿领域，加快研发应用相应的合金材料、粉末材料。此外，《新材料产业发展指南》还提出了新材料产业协同创新体系建设、重点新材料初期市场培育、突破关键工艺与专用装备制约、完善新材料产业标准体系、实施"互联网＋"新材料行动、培育优势企业与人才团队、促进新材料产业特色集聚发展等重点任务。

（五）《关于推进黄金行业转型升级的指导意见》（工信部原〔2017〕10号）

《指导意见》要求，"十三五"期间，黄金产量年均增长3%左右，到2020年末，黄金产量达到500吨（力争达到550吨），新增黄金产能125吨，淘汰落后产能40吨，黄金年生产能力达到600吨（含进口料生产能力100吨）。黄金开采企业数量从600多家减少到450家左右。扣除黄金生产消耗4000吨，全国新增黄金查明资源储量3000吨，到2020年查明黄金资源储量为13000—14000吨。复杂及深部矿体开采、低氰提金工艺等多项关键技术研究取得突破，共伴生资源综合利用率达到70%以上。两化融合取得新进展，生产智能化、工艺自动化和管理信息化水平明显提高，基本淘汰落后生产工艺、设备、设施。重点大中型企业建立完善的技术创新体系，研发投入占主营业务收入1.5%以上。企业"三废"排放达到国家排放标准；固体废物综合利用率达到35%以上，水循环利用率达到90%以上；土地复垦率超过60%，矿区绿化覆盖率达到90%以上；千人伤亡率明显下降。企业安全生产规模化、机械化、信息化水平大幅提高。工作场所职业危害告知率和警示标识设置率达到95%以上，职业健康保障水平全面提升。

《指导意见》明确了下一阶段黄金产业发展的主要任务：重点开展国内黄金成矿区带的深部、外围地质勘查项目建设，实现地质找矿重大突破。同时加强与"一带一路"沿线国家开展深度合作，通过资源互补、资源共享和资源整合等方式进行强强联合。加强重点勘查开发基地的建设，并在具有良好开发前景的成矿区域设立重点矿区，加快建设大型黄金生产基地。整合资源、统一规划，大力发展集约化开采技术，建设"区域矿山"，走规模化开采之路。重点加强深井勘查技术，深部矿体开采的提升、岩爆、降温，智能化开采，尾渣膏体充填，低氰提金，复杂难处理多金属选矿，"造锍捕金"等技术的研究工作。积极推广两化融合管理体系，进一步加大两化融合试点及示范企业的智能化矿山建设力度。积极开展黄金资源节约与综合利用标准制修订工作。鼓励开展低品位、难处理以及共伴生资源的综合利用，鼓励尾矿综合利用和氰化渣综合回收，提高资源回收利用率。建立健全完善的黄金再生资源利用体系，促进从电子垃圾中提炼黄金产业有序发展。充分发挥"互联网＋"的作用，加快黄金珠宝交易云商平台、现代珠宝产业服务创意发展平台、珠宝饰品公共服务平台等建设，积极培育黄金珠宝高端制造产业园。积极开展高端键合金丝生产线建设，贵金属提纯、纳米材料生产、黄金精细化工等项目建设，增加高端新材料有效供给。

第二节　2017 年有色金属产业结构调整的主要情况

一、产业整体发展态势良好

2017 年，十种有色金属产量5378 万吨，同比增长 3.0%。其中，铜、铝、铅、锌产量分别为 889 万吨、3227 万吨、472 万吨、622 万吨，同比增长 7.7%、1.6%、9.7%、−0.7%。规模以上有色金属工业增加值累计同比增长 0.7%。[①] 2017 年，包括排板材、带材、管材、棒材、箔材、线材等在内的"铜加工材综合产量"为 1722.5 万吨，比 2016 年增长 4.5%。2017 年，包括板带材、挤压材、箔材、线材、铝粉、锻件等在内的"铝加工材综合产量"为 3820 万吨，比 2016 年增长 8.5%。其中，板带材中包含铝箔毛料约 415 万吨，剔除该部分与铝箔的重复统计之后，"铝加工材产量"为 3405 万吨，比 2016 年增长 7.8%。2017 年，我国锂离子电池累计完成产量 117894.7 万自然只，同比增长 31.25%。

---

① 工业和信息化部：《2017 年有色金属工业运行情况及 2018 年工作考虑》。

2017 年，国内主要有色金属价格同比大幅回升。2017 年，铜、铝、铅、锌现货均价分别为 49256 元/吨、14521 元/吨、18366 元/吨、24089 元/吨，同比分别增长 29.2%、15.9%、26.0%、42.8%。2017 年，规模以上有色金属企业主营业务收入 60444 亿元、利润 2551 亿元，同比分别增长 13.8%、27.5%。其中，采选、冶炼、加工利润分别为 527 亿元、953 亿元、1071 亿元，同比分别增长 23.5%、51.8%、13.2%。2017 年，规模以上有色金属工业企业每百元主营业务收入中的成本为 91.51 元，同比降低 0.27 元。销售、管理、财务三项费用合计 2488 亿元，同比增长 7.6%。其中，财务费用 770 亿元，占三项费用的 31.0%，较上年降低 1.0 个百分点。

进出口额平稳增长。2017 年，我国有色金属进出口贸易总额（含黄金首饰及零件贸易额）1348.3 亿美元，同比增长 15.1%。其中：进口额 973.7 亿美元，同比增长 26.3%；出口额 374.6 亿美元，同比下降 6.4%。其中，黄金首饰及零件出口贸易额 100.7 亿美元，同比下降 16.9%。

固定资产投资下降。2017 年，我国有色金属工业（包括独立黄金企业）完成固定资产投资额 6148 亿元，同比下降 6.9%，降幅同比扩大 0.2 个百分点。其中，民间项目投资 4952 亿元，同比下降 8.2%，所占行业投资比重为 80.6%。

有色金属行业央企积极贯彻国家战略。2017 年，为贯彻落实党的十九大提出的"加快生态文明体制改革，建设美丽中国"的重大战略决策以及党中央关于建设雄安新区的重大战略部署，中铝集团在雄安新区注册成立了中铝环保节能集团有限公司。目前，已顺利完成工商登记注册，成为中铝集团在雄安新区成立的第一家公司，并具备了营业条件。在精准脱贫攻坚战方面，中国五矿自 2011 年以来连续 7 年携手中国扶贫基金会，用心打造"爱心包裹"品牌项目，累计向定点帮扶的云南省昭通市镇雄、彝良、威信三个贫困县的小学生捐助爱心资金 742 万元。2017 年，中国五矿被中国扶贫基金会授予"突出贡献奖"。根据党中央、国务院关于中央企业公司制改制有关工作部署，北京矿冶研究总院开展了公司制改制工作，并于 2017 年 12 月 29 日取得了由北京市工商行政管理局颁发的新营业执照，正式更名为"北京矿冶科技集团有限公司"。

二、各类金属价格普涨，锂电材料价格上涨态势猛烈

2017 年，基本金属与小金属呈现普涨。基本金属整体上维持了从 2016 年以来的反弹态势，表现强劲，各基本金属品种均有所上涨，特别是，铝价因受到电解铝去产能和冬季采暖季环保限产的供给侧改革政策支撑，年初以来涨幅超过 20% 至 1.55 万元/吨一线；贵金属方面，受海外美联储加息预期与缩表计划的影响，以及数字货币的分流替代效应作用，贵金属板块走势相对较弱。与此同时，稀土受益于打黑收储、小金属受益于供给收缩，多数品种表现强势，其中，五氧化二钽涨幅甚至超过 50%，而钨精矿、锆英砂、氧化镨钕等品种的涨幅都在 40% 上下。

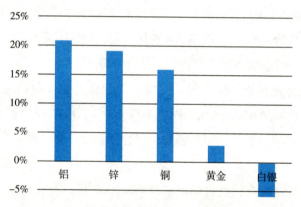

图 7－1　2017 年基本金属强势上涨，贵金属相对较弱

资料来源：赛迪智库、中国产业信息网。

锂电材料涨势更为迅猛，尤其是钴，引发全球产业界关注。受益于下游新能源汽车销量逐步回暖，而供给端增量有限（特别是钴），锂电材料供需紧张趋势不改。具体分项来看：电池级碳酸锂全年供应依旧紧张，价格继续回升到了 17 万元/吨左右；铜箔产品价格亦呈现上涨态势，而氢氧化锂的价格变化相对较小。更值得关注的是钴产品，在新增产能有限，三元正极材料需求持续爆发，以及投机因素等驱动下，海外 MB 钴价自年初以来上涨超过 100%，钴盐如四氧化三钴的涨幅均超过了 60%。

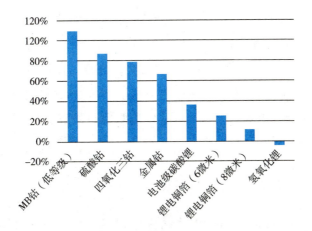

图 7－2　锂电相关材料价格涨势凶猛

资料来源：赛迪智库、中国产业信息网。

图 7－3　2017 年钴、锂价格涨幅走势

资料来源：赛迪智库、中国产业信息网。

此外，锂电池产业还将带动镍的需求。2017 年，工业和信息化部等四部委发布了《促进汽车动力电池产业发展行动方案》，要求实施动力电池提升工程，通过国家科技计划（专项、基金）等统筹支持动力电池研发，实现 2020

年单体比能量超过 300 瓦时/公斤。这样的政策基点，加之钴价上涨过快，推动了以高镍三元锂电池为代表的动力电池产业发展。2017 年，中国硫酸镍产能为 44 万吨，产量在 30 万吨以上，同比增长 50%。基于电动汽车每年 1000 万辆销量的保守估计，到 2025 年，电动汽车市场前景将推动镍需求以 40 万吨/年的增速增长。未来一个时期，因不锈钢产量增速放缓造成的镍需求停滞局面有望得到根本转变。

三、行业龙头企业绩效大幅提升

2017 年，中国铝业公司改制更名为中国铝业集团有限公司。中国铝业 2017 年业绩大增，全年营业收入创 2008 年以来最好水平，实现利润总额约 30.06 亿元，与上年同期相比增加 85%，公司整体盈利能力稳健提升。公司氧化铝完全成本已经进入行业前 40%，电解铝完全成本已经进入行业前 45%，站稳了中游并向上游攀升，资本市场的关注度和认同感大幅提升，股价大幅上涨。中国铝业取得良好业绩的原因之一是制造与服务整合优势，按照"大营销、大采购、大物流、平台化、国际化、金融化"战略布局，主导产品售价跑赢市场，库存大幅下降，进出口业务创造新的突破。此外，中国铝业还加快物流整合步伐，大力拓展物流市场，物流成本持续降低。

中国五矿 2017 年实现营业收入 5000 亿元、利润总额 130 亿元，双双创出历史新高。2017 年是中冶集团整体并入中国五矿后企业重组发展的关键一年，在资源开发经营、工程建设、内部千亿市场打造、深化改革方面等方面亮点突出。2017 年中国五矿资产负债率同比降低 2 个百分点；铁精矿与钨精矿完全成本与 2014 年相比分别下降 31% 和 15%；金属矿产品实际经营量同比增长 17.3%，首次突破 1 亿吨大关，钨、锑、铋资源储量居全球第一；旗下中冶集团新签合同额突破 6000 亿元，已连续 3 年每年增加 1000 亿元规模。

中国有色金属建设股份有限公司 2017 年坚持"资源报国"不动摇，经济效益贡献、NFC 品牌影响再上新台阶。2017 年是中色股份上市 20 周年。经过 20 年的艰苦磨砺，该企业已成长为蜚声海外的著名承包商。2017 年，中色股份入选 ENR 国际工程承包商 250 强（106 位），国内有色行业排名第一；荣获中国有色金属工业绿色发展领军企业荣誉；公司矿山及铅锌采、选、冶板块利润达到历史最好水平；境外项目实现区域经济协同联动，国内外项目开发及企业瘦身健体得到稳步推进，境内外企业风险管控、安全和环保意识得到进一步增强；创新驱动步伐稳健，全年申请专利114项。

南山铝业2017年实现营业收入170.68亿元，同比增加29.03%；实现净利润16.11亿元，同比增加22.75%。2017年公司型材、冷轧、箔轧收入分别同比增长10.9%、29.9%和47.1%。2017年，以生产航空板、汽车板为主的20万吨超大规格、高性能特种铝合金材料生产线实现批量供货，实现向波音供货航空板产品。以生产航空、能源、海工锻件为主的1.4万吨大型精密模锻件生产线投产，并与著名航空发动机制造商Rolls-Royce签署了发动机旋转件供货合同。此外，4万吨高精度多用途铝箔生产线全部达产，在锂电池箔、食品软包装箔市场的竞争力持续增强。

2017年，豫光集团全年工业总产值、销售收入双双突破300亿元，同比增长26.9%，利税总额达到16亿元，同比增长83.7%，铅、锌、黄金、白银等主要产品产量均创历史最好水平。产品质量不断提升，铅锭、锌锭、阴极铜、金锭、银锭等29种产品内在质量一次检验合格率100%，铅锭、锌锭、阴极铜、硫酸等18批次产品质量监督抽检合格率100%，创历史最高水平。

四、环保要求进一步提高

2017年，国家除了对位于京津冀大气污染传输通道的"2+26"城市实施冬季限产之外，还提出要对工业污染物排放执行特别排放限值标准，并进行无组织排放管控等。铝工业被纳入区域内重点管控行业，环保治理面临前所未有的挑战。2017年初，环保部印发《京津冀及周边地区2017年大气污染防治工作方案》（环大气〔2017〕29号），对铝行业的治理要求是：采暖季电解铝厂限产30%以上，以停产的电解槽数量计；氧化铝企业限产30%左右，以生产线计。环保部还决定对《铝工业污染物排放标准》（GB 25465—2010）进行修改，同时修改《再生铜、铝、铅、锌工业污染物排放标准》（GB31574—2015），增加"无组织排放控制措施"。在全国范围内，无组织排放控制措施自 2019 年 1 月 1 日执行。在京津冀 "2 + 26" 城市区域内的铝矿山、氧化铝厂、电解铝厂、再生铝厂等企业，新的排放标准自 2017 年 10 月 1 日起先期执行。

由于 "煤改气" 导致天然气供应紧张，价格上涨，铜产业已受到一定影响。在铜产业，消耗天然气最多的环节是铜杆生产，其中包括废铜制杆和电铜制杆。2017 年 11 月中旬以来，国内多个地区相继公布限气政策，缺气区域主要为陕西、河北、山东、河南等北方地区，价格上调幅度约 10%，个别地区上调幅度达 15%。全国铜杆生产企业中，多数企业产能出现一定的减产或者停产；其中华东市场停产产能 115 万吨，且有不断扩大趋势；华北市场停产产能 20 万吨，华南市场没有停产，华中市场停产产能 20 万吨，西南、西北市场暂未受到影响。

2017 年，在国土资源部指导支持下，由中国矿业联合会联合行业协会、矿业企业、地勘单位、科研院所以及第三方服务机构等 61 家单位共同发起成立 "绿色矿业发展战略联盟"。"绿色矿业发展战略联盟" 本着互鉴互学、协调服务、合作共赢的原则，整合国内行业资源，发挥企业联合优势，构建绿色勘查、绿色矿山建设的高效服务平台。

五、科技创新取得新进展

2018 年 1 月 8 日，中共中央、国务院在北京隆重举行国家科学技术奖励大会。有色行业 "高性能金属粉末多孔材料制备技术及应用" 项目获得技术发明二等奖。"高强高导铜合金关键制备加工技术开发及应用""球形金属粉末雾化制备技术及产业化""高铝粉煤灰提取氧化铝多联产技术开发与产业示范""锂离子电池核心材料高纯晶体六氟磷酸锂关键技术""全国危机矿山接替资源勘查理论创新与找矿重大突破" 五项目获得科技进步二等奖。

中铝西南铝试制出 C919 大飞机用铝合金 "旅客观察窗窗框" 和 "轮毂精密模锻件"，填补了我国在这一领域的空白。宝钛集团先后直接和间接为 C919 大飞机研制生产多种规格钛合金材料 21 项。2017 年 7 月 30 日，由中铝东轻公司、西南铝和西北铝提供配套的大量关键铝合金材料所装备的武器亮相塞外朱日和沙场。东深科技公司经过 6 年的苦心研究，突破了铝燃料电池的诸多技术瓶颈，实现了产品商业化生产，成为国内首家铝燃料电池商业化应用的企业。云南铜业股份有限公司西南铜业分公司"铜冶炼污酸提铼技术"取得重要突破，不仅成功打通了工艺流程，建立生产线并生产出了纯度 >99.9% 的铼粉产品，而且填补了云南省和中国铝业公司铜冶炼企业铼产品生产的空白，对国内铜冶炼企业加强有价金属回收利用也将起到积极的促进作用。烟台孚信达解决了铜铝双金属水平连铸技术的世界级难题，形成了一套完备的铜铝水平连铸生产加工技术及全套拥有自主知识产权的高端复合金属材料生产加工设备，成为全球领先的、掌握全球标准制定话语权的铜铝复合材料生产加工企业，全球首次实现铜铝复合材料产业化规模生产，制定的"铜铝复合导电扁排标准"成为有色金属材料领域唯一的国际标准。河南科技大学联合中铝洛阳铜业有限公司等 6 家单位共同完成"高强高导铜合金关键制备加工技术开发及应用"项目，项目整体技术达国际先进水平，部分指标国际领先。项目成果打破了国外对集成电路引线框架带材的市场和价格垄断，为我国航空航天、武器装备关键部件提供了基础材料保障。

六、传统工业文化得到传承发扬

广州"西关打铜"非物质文化遗产传承人苏英敏，近年来致力于中华传统手工铜艺的复兴。2017 年，苏英敏带着新研发的"半圆冬瓜壶"加盟广州越秀区的手工业文化企业"广府汇"，并担任首席执行官。苏英敏认为，"西关打铜"要面向全国，定位高端人群，继续提升手工价值，力争成为具有收藏与传承价值的文化产品。为此，苏英敏特意前往日本等国家学习"一体成型"锻造技术，到云南研究"乌铜走银"工艺，参加清华大学美术学院金属工艺研修班，不断提升"西关打铜"的制作技艺。苏英敏认为，新时代的非遗传承，要有品牌传播意识，主动拥抱互联网。通过京东众筹，"手打铜壶"半个月的时间内已筹满目标金额，价值数千元一把的铜壶，一时成为"爆款"。此外，他聘请专业团队负责产品设计、品牌策划、公关文案、自媒体运营，产品在国内外的知名度与日俱增。

第三节 面临的问题与挑战

一、结构矛盾、内外风险仍不容忽视

行业新旧动能转换总体缓慢。当前有色金属工业新旧动能转换有一些亮点，新能源汽车的需求带动了有色金属钴、锂等新材料的发展，轨道交通和汽车用铝的产量和用量持续增长，进一步促进了高端运输铝材的应用。但高端材料和新材料在产业体系中所占比例不高，新旧动能转换总体缓慢。产业下游精深加工的基础研究、技术支撑和高新项目储备不足，部分有色金属精深加工高端产品依赖进口的局面一时难以改变。

严管严控电解铝新增产能任务仍然艰巨。清理整顿电解铝行业违法违规项目专项行动取得阶段性成果，违法违规项目已停产停建。但电解铝行业向好发展的基础尚不牢固，盲目投资、无序发展、布局不够合理、产业集中度不高等深层次问题尚未根本解决。

行业利润率偏低、融资难等问题仍然突出。有色行业是资金密集型行业，虽然 2017 年以来全行业整体效益好转，同比显著提升，但受生产成本上升等因素影响，行业总体利润率不高，全年行业主营业务收入利润率约为 4%。目前，金融机构对有色金属行业的支持仍然有限，部分企业资金链依然紧张，企业融资难的问题还未根本解决。

国际贸易摩擦加剧。随着我国铝工业技术不断突破，铝产品国际市场竞争力不断增强，美国等西方国家出于自身利益，针对我国有色金属产品的国际贸易摩擦愈演愈烈，出口形势面临较大挑战。美国继 2016 年对中国铝工业进行"332 听证调查"之后，2017 年又启动对进口铝产品的"232 调查"及"301 调查"。2017 年 8 月 8 日，美国初裁认定中国出口到美国的铝箔产品接受了 16.56%—80.97% 不等的补贴；10 月 27 日，美国商务部公布，将对原产自中国的铝箔进口征收进口关税，税率初步定在 96.81%—162.24%；11 月 28 日，美国商务部对从中国进口的普通合金铝板发起"双反"调查，这一系列贸易保护措施对我国铝深加工产品出口十分不利。

二、转型发展仍有待继续突破

经过本轮国企改革、兼并重组，并借助本轮去库存、去产能带来的供需再平衡，我国有色金属企业实现了总体扭亏脱困。然而，有色金属"国家队"与全球矿业巨头在资源保障能力、研发实力、全球投资运营网络等方面，还存在较大差距。一些地方国企仍面临严峻的亏损形势，资源枯竭型城市和企业的转型难度较大。未来，只有坚定推进体制机制改革，统筹推进中央和地方国企改革，进一步优化产业格局，并破除地方利益保护、国企负债"刚性兑付"等障碍，改变扭曲的激励，才能进一步推进有色金属行业健康发展。

在稀土金属和其他小用量的金属领域，我国目前仍未形成合理的产业组织结构。地区分割、低端重复布局、恶性竞争问题仍未得到有效控制。资源税、环保约束和出口管制措施的政策力度仍然不足，难以保障稀缺金属资源的集约利用和行业的可持续发展。

三、创新能力需进一步加强

总体而言，我国有色金属产品处于国际产业链的中低端位置，产品质量、精度以及稳定性与国外同类产品相比依然存在较大差距。特别是精深加工和应用技术研发不足，产品不同程度存在质量稳定性差、高端材料国产化程度低等问题。有色金属精深加工能力的薄弱，也成为制约我国诸多先进制造业领域发展的瓶颈环节。从有色金属全产业链的视角看，部分冶炼和加工关键核心技术、成套设备中的关键零部件、元器件以及高新材料等还依靠进口，还不具备应对技术封锁等外部风险的能力；自主开发的新材料种类较少，新合金开发方面大多跟踪仿制国外，关键有色金属新材料开发滞后。

四、资源瓶颈难以从根本上解决

我国有色金属资源人均储备量较低，部分品种严重贫乏、矿石品位较低且开采成本较高，国内有色冶炼企业自备矿山资源保障不足，矿石多需外购。铜矿资源趋于枯竭，涉及电子、电气、汽车、家电等多条支柱产业链，造成国民经济的命脉难以自主掌控，这始终是威胁国家战略安全和经济可持续发展能力的一大致命隐患。镍原料对外依存度达80%以上，且企业境外资源开发成本、风险日益提高，项目进展缓慢。在钛、锂、镓、铟、锗等重要的新金属材料领域，我国的储量也难于满足经济发展的基本需求。未来，开展海外投资、获得有色金属资源战略保障、开展资源集约利用和废弃物回收，以及替代材料、合成材料的研发，仍是我国有色金属行业需要攻克的难关。

第八章 建材产业结构调整

建材产业是国民经济重要基础产业之一，正处于国家供给侧结构性改革的洪涛巨浪中，面临着由大变强、转型升级的机遇与挑战。2017年，建材行业产量稳步增长，平均价格大幅回升，经济效益明显增加，发展势头向好。在政府、行业、企业的合力作用下，在管理环境、市场环境、竞争环境的综合作用下，产能过剩矛盾进一步缓解，建材行业固定资产投资降中偏稳，有效抑制水泥、平板玻璃的过剩投资。但是，我们也应看到，建材行业供给结构依然有待持续调整优化，产能过剩矛盾还未根本缓解，行业回升势头需努力稳定，积极参与国际竞合（中国企业"走出去"），质量亟待提高。

第一节 2017年建材产业结构调整主要政策

经过近几年的政策推动落实，建材产业结构调整取得了明显成效，产能严重过剩、部分企业生产设施装备落后、污染排放严重、细分行业集中度低的问题得到一定程度的缓解，2017年继续在设置行业准入条件、淘汰落后产能、化解过剩产能、推进企业兼并重组、推广节能环保技术、发展绿色建材等重点工作上发力，建材工业的结构调整得到进一步推进和巩固。

一、政策基本情况

截至2018年2月，近一年多来，国务院各部门制定实施了十几项涉及建材产业结构调整的政策，主要政策见表8-1。这些政策主要包含两类，一类是直接针对建材行业出台的政策，重点是规范行业监督管理，如国务院办公厅发布了《关于促进建筑业持续健康发展的意见》、工信部制定发布了《建材行业规范公告管理办法》《重点新材料首批次应用示范指导目录（2017 年版）》以及住建部印发的《"十三五"装配式建筑行动方案》《装配式建筑示范城市管理办法》《装配式建筑产业基地管理办法》等；另一类是间接促进建材工业行业化解过剩产能、节能降耗、区域对口合作、新型绿色多功能建材研发推广等方面的政策，如国务院办公厅印发的《关于印发东北地区与东部地区部分省市对口合作工作方案的通知》，中共中央、国务院共同发布的《关于开展质量提升行动的指导意见》，工信部制定的《关于印发钢铁水泥玻璃行业产能置换实施办法的通知》，环保部、国家发展改革委和工信部联合印发的《新型墙材推广应用行动方案》等。

表 8 - 1   2017 年中央政府部门推进建材产业结构调整的主要政策

发布时间	发布部门	政策名称
2017 年 2 月 10 日	环保部、国家质检总局、国家发展改革委、工信部、安监总局	《水泥玻璃行业淘汰落后产能专项督查方案》（二类）
2017 年 2 月 14 日	国家发展改革委办公厅、工信部办公厅	《关于印发〈新型墙材推广应用行动方案〉的通知》（二类）
2017 年 2 月 16 日	工信部	《关于同意河北省沙河市开展玻璃产业压减产能提质增效转型发展试点的批复》（二类）
2017 年 2 月 17 日	工信部、国家发展改革委、财政部、环保部、安监总局等十六部门	《关于利用综合标准依法依规推动落后产能退出的指导意见》（二类）
2017 年 2 月 24 日	国务院办公厅	《关于促进建筑业持续健康发展的意见》（一类）
2017 年 3 月 7 日	国务院办公厅	《关于印发东北地区与东部地区部分省市对口合作工作方案的通知》（二类）
2017 年 3 月 15 日	财政部	《关于取消、调整部分政府性基金有关政策的通知》（二类）
2017 年 3 月 23 日	住房和城乡建设部	1.《"十三五"装配式建筑行动方案》 2.《装配式建筑示范城市管理办法》（一类） 3.《装配式建筑产业基地管理办法》
2017 年 7 月 28 日	环保部	《固定污染源排污许可分类管理名录（2017 年版)》（二类）

发布时间	发布部门	政策名称
2017 年 9 月 5 日	中共中央、国务院	《关于开展质量提升行动的指导意见》（二类）
2017 年 9 月 12 日	工信部	《重点新材料首批次应用示范指导目录（2017 年版）》（二类）
2017 年 11 月 3 日	工信部办公厅、环保部办公厅	《两部门关于"2＋26"城市部分工业行业 2017—2018 年秋冬季开展错峰生产的通知》（二类）
2017 年 11 月 10 日	工信部	《建材行业规范公告管理办法》（一类）
2017 年 11 月 23 日	工信部、环保部、国家安全监管总局	《关于加快烧结砖瓦行业转型发展的若干意见》（一类）
2017 年 12 月 1 日	工信部	1.《关于提升水泥质量保障能力的通知》（二类） 2.《水泥生产企业质量管理规程》（T/CBMF 17—2017）
2018 年 1 月 8 日	工信部	《关于印发〈钢铁水泥玻璃行业产能置换实施办法〉的通知》（二类）

资料来源：赛迪智库整理，2018 年 3 月。

二、重点政策解析

（一）《关于利用综合标准依法依规推动落后产能退出的指导意见》

2017 年 2 月 17 日，十六部委联合发布《关于利用综合标准依法依规推动落后产能退出的指导意见》（工信部联产业〔2017〕30 号），以钢铁、煤炭、水泥、电解铝、平板玻璃等行业为重点，通过完善综合标准体系，严格常态化执法和强制性标准实施，促使一批能耗、环保、安全、技术达不到标准和生产不合格产品或淘汰类产能，依法依规关停退出，产能过剩矛盾得到缓解，环境质量得到改善，产业结构持续优化升级。

（二）《关于促进建筑业持续健康发展的意见》

2017 年 2 月 24 日，国务院办公厅印发《关于促进建筑业持续健康发展的意见》（国办发〔2017〕19 号），指出通过深化"放管服"改革，完善监管体制机制，优化市场环境，提升工程质量安全水平，强化队伍建设，增强企业核心竞争力，促进建筑业持续健康发展，打造"中国建造"品牌；并要求大力发展装配式混凝土和钢结构建筑，在具备条件的地方倡导发展现代木结构建筑，不断提高装配式建筑在新建建筑中的比例。

（三）《"十三五"装配式建筑行动方案》《装配式建筑示范城市管理办法》《装配式建筑产业基地管理办法》

2017年3月23日，住房和城乡建设部出台《"十三五"装配式建筑行动方案》《装配式建筑示范城市管理办法》《装配式建筑产业基地管理办法》（建科〔2017〕77号），要求积极推进绿色建材在装配式建筑中应用，编制装配式建筑绿色建材产品目录，推广绿色多功能复合材料，发展环保型木质复合、金属复合、优质化学建材及新型建筑陶瓷等绿色建材，到2020年，绿色建材在装配式建筑中的应用比例达到50%以上。装配式建筑要与绿色建筑、超低能耗建筑等相结合，鼓励建设综合示范工程。装配式建筑要全面执行绿色建筑标准，并在绿色建筑评价中逐步加大装配式建筑的权重。推动太阳能光热光伏、地源热泵、空气源热泵等可再生能源与装配式建筑一体化应用。

（四）《关于开展质量提升行动的指导意见》

伴随着我国经济发展的传统优势正在减弱，实体经济结构性供需失衡矛盾和问题突出，特别是中高端产品和服务有效供给不足，经济发展进入由高速度向高质量转变的新常态，2017年9月5日，《中共中央国务院关于开展质量提升行动的指导意见》下发，提出到2020年，供给质量明显改善，供给体系更有效率，建设质量强国取得明显成效，质量总体水平显著提升，质量对提高全要素生产率和促进经济发展的贡献进一步增强，更好满足人民群众不断升级的消费需求。其中对于提升原材料供给水平的关键意见之一就是加快钢铁、水泥、电解铝、平板玻璃、焦炭等传统产业转型升级，体现了最高层对建材行业产业结构调整的持续重视。

（五）《建材行业规范公告管理办法》

2017年11月10日，为提升建材行业管理水平，规范建材行业规范条件公告管理程序，工业和信息化部印发《建材行业规范公告管理办法》（工信部原〔2017〕278号），工业和信息化部负责对省级工业主管部门推荐的企业规范公告申报材料进行复核、公示和公告，视已公告企业保持规范条件的情况，对已公告企业名单实行动态管理；企业也可以对照规范条件，自行核实本单位执行规范条件的情况后，在工业和信息化部门户网站"建材行业符合规范条件自我声明平台"自我声明符合规范条件。此文件利用信息化手段对建材行业规范运行、更好执行产业结构调整做了实质性改进。

（六）《水泥玻璃行业产能置换实施办法》

为继续严禁水泥和平板玻璃行业新增产能，继续做好产能置换工作，根据产业发展情况，经商国家发展改革委、国资委，工信部修订了《部分产能过剩行业产能置换实施办法》，于 2018 年 1 月 8 日专门出台了《水泥玻璃行业产能置换实施办法》，严禁备案和新建扩大产能的水泥熟料、平板玻璃项目。确有必要新建的，必须实施减量或等量置换，制定产能置换方案。依托现有装置实施治污减排、节能降耗等技术改造项目，在不新增产能的情况下可不制定产能置换方案。新建工业用平板玻璃项目，熔窑能力不超过 150 吨/天的，可不制定产能置换方案。并对执行不力的行为明确了处罚意见，如：对不执行产能置换方案的建设项目，省级主管部门负责会同有关方面依法依规予以查处；对产能置换方案执行不到位，存在弄虚作假、"批小建大"等行为的企业，通报其不守诚信行为，推动实施联合惩戒。对产能置换方案核实把关不严、监督落实不到位的地区，责令限期整改，情节严重的向全国通报，并依照法律法规追究相关责任人的责任。

第二节 2017 年建材产业结构调整主要情况

2017 年我国建材工业加快推进供给侧结构性改革，大力化解过剩产能，深入推动兼并重组，精准实施错峰生产，在市场需求继续放缓的情况下，经济效益改善明显，产业结构持续优化，经济运行稳中向好。

一、产量继续保持增长

2017 年，建材生产保持增长态势，行业增加值同比增长 3.6%，比前 3

季度放缓0.8个百分点。水泥产量23.2亿吨，同比微降0.2%；平板玻璃产量7.9亿重量箱，同比增长3.5%；夹层玻璃、陶瓷砖、商品混凝土等实现较快增长。

表8-2　2017年水泥产量及增减变动月度数据表

月份	当月产量（万吨）	累计产量（万吨）	当月增长（%）	累计增长（%）
12	19144.1	231624.9	-2.2	-0.2
11	22051.3	215531.7	4.8	-0.2
10	21989.6	196288.4	-3.1	-0.5
9	22139.7	176123.7	-2	-0.5
8	21184.8	153705.3	-3.7	-0.5
7	21283.4	132612.1	-0.9	0.2
6	22080.9	111308.5	-0.9	0.4
5	22845.8	89157.4	0.5	0.7
4	22112.8	66154.5	2.4	0.7
3	20162.4	44115.2	0.3	-0.3
2	—	24007.9	—	-0.4

资料来源：赛迪智库产业政策研究所整理，2018年3月。

表8-3　2017年平板玻璃产量及增减变动月度数据表

月份	当月产量（万重量箱）	累计产量（万重量箱）	当月增长（%）	累计增长（%）
12	6062.2	79023.5	-5.3	3.5
11	6092.7	73064.6	-3.5	3.9
10	6423.5	67117.6	-0.3	4.3
9	6323.9	60959.4	0.5	5
8	6525.8	54466.1	4	5.6
7	6661.6	47901.9	3.2	4.6
6	7077.8	41414.5	5.4	5.8
5	7305.5	34156	8.9	6.4
4	6832.1	26826.5	5.9	6.4
3	6989.1	19993.5	5	5.1
2	—	12939.4	—	5.7

资料来源：赛迪智库产业政策研究所整理，2018年3月。

二、行业价格水平大幅回升

全年建材产品均价同比上涨 8.2%，扭转连续两年下降趋势。其中水泥价格涨幅明显，12 月当月水泥出厂均价 384 元/吨，同比上涨 26%。平板玻璃价格稳中有升，9 月份以来连续上涨，12 月当月出厂均价同比上涨 8.5%。

三、行业经济效益明显好转

全年建材行业完成主营业务收入 7.5 万亿元，同比增长 8%；实现利润 5173 亿元，同比增长 17%；销售利润率 6.9%，高于整个工业 0.4 个百分点。建材行业资产负债率 50.6%，同比降低 1.2 个百分点；亏损企业亏损总额 271 亿元，同比减亏 24%。水泥行业营收攀上高位，达 9150 亿元，同比增长 18%；利润 877 亿元，同比增长 94%。平板玻璃行业营收 759 亿元，同比增长 20%；利润 93 亿元，同比增长 81%。混凝土与水泥制品、卫生陶瓷制品、技术玻璃、玻璃纤维及制品、非金属矿制品等行业效益也均表现良好。

四、出口额同比有所下降

全年建材商品出口额 306 亿美元，同比下降 1.3%，降幅比前 3 季度继续收窄。全年出口离岸均价同比下降 52%。主要出口商品中，建筑卫生陶瓷出口量同比下降 3.1%，金额增长 1.8%；建筑与技术玻璃出口量同比增长 2.9%，金额下降 1.5%；建筑用石出口量同比基本持平，金额下降 17%；玻璃纤维及制品出口情况较好，出口量和金额同比分别增长 10% 和 9.2%。

第三节　面临的问题与挑战

一、产能过剩矛盾没有根本解决，行业运行存在下行风险

从全年来看，建材行业增速呈现趋缓的态势，大部分过剩产能只是暂时

关停，一旦市场形势好转随时可能恢复生产。特别是水泥2500吨/日及以下的熟料产能（占比达到30%以上），能耗、排放水平明显落后于大型新型干法生产线，竞争乏力，如何进一步以市场化、法治化方式推动这部分产能加快退出是化解过剩产能的难点。

二、需求增长乏力，建材行业投资出现了首度负增长

2017年，全国固定资产投资同比增长7.2%，房地产、交通运输、水利、公共设施等基建领域投资增速均出现不同程度回落，固定资产投资对水泥等大宗建材产品需求拉动减弱。2017年，建材行业完成固定资产投资1.55万亿元，同比首次出现下降，下降了1.7%，细分行业中只有混凝土和水泥制品、纤维及复合材料、建筑卫生陶瓷保持增长，建材新兴产业培育和传统产业提升改造后劲不足。

三、生产要素价格上涨，外部约束日益趋紧

2017年以来，煤炭、天然气、纯碱等大宗燃料价格上涨明显，公路运输治超推高物流成本，环保督察力度加大，建材企业为还"欠账"实现达标排放，必须增加投入进行节能减排等专项技术改造，也增大了企业的运营压力。

四、供给结构仍然不太合理，仍待持续量体裁衣

新兴产业发展提速，消费需求日趋多元，要求建材工业不断推进供给侧结构性改革，化解过剩产能，增加优良供给；发展绿色建筑和装配式建筑，要求建筑材料向绿色化和部品化发展；全面提升工业基础能力，要求建材工业增强先进无机非金属材料、复合材料的保障能力；加快发展先进制造业，要求建材工业适应不断涌现的新技术、新业态、新模式，深化信息技术和建材工业的融合，从而优化产业结构。

第九章　汽车产业结构调整

第一节　2017 年汽车产业结构调整的主要政策

我国汽车产业整体稳定增长，产业结构继续优化，中高端细分市场增长高于行业平均水平，汽车消费升级越发明显。产业技术趋向轻量化、智能化、网络化、电动化，产品市场转型多元化、精准化、个性化、差异化。全年产销再创新高，连续九年蝉联全球第一。数据显示，2017 年总产量达到 2901.5 万辆，同比累计增长 3.2%；销量达 2887.9 万辆，同比增长 3.0%。[1][2] 汽车制造业工业增加值同比增长 12.2%，高出同期规模以上工业增速 5.6 个百分点。规模以上企业主营业务收入 85333.3 亿元，同比增长 10.8%；实现利润总额 6832.9 亿元，同比增长 5.8%。[3]

一、政策基本情况

（一）优化汽车行业环境，规范产业良性发展

一是税务信息协同。2017 年 2 月，国家税务总局、公安部联合发布《关于建立车辆购置税完税证明和机动车销售发票信息共享核查机制有关工作的通知》。5 月 1 日起，车购税完税证明与交管部门实时共享。建立车辆购置税完税证明信息共享和核查工作机制、严格审核车辆购置税完税证明、加强对嫌疑车辆购置税完税证明的稽查、加强机动车销售发票核查管理。信息不符

---

① http://www.sohu.com/a/216503004_100039505.

② http://news.16888.com/a/2018/0116/10222876_all.html.

③ http://www.ndrc.gov.cn/fzgggz/gyfz/gyfz/201801/t20180130_875574.html.

车辆将无法登记。二是规范行业准入。2017 年 6 月，国家发展改革委、工业和信息化部协同公布《关于完善汽车投资项目管理的意见》，指出推动汽车产业结构调整，鼓励汽车产能利用率低的地区和企业加大兼并重组力度，不断完善新能源汽车投资项目技术要求和生产准入规范条件，完善汽车投资项目管理，明确跨细分类等投资项目核准条件。三是金融支持。2017 年 3 月，中国人民银行、工业和信息化部、银监会、证监会、保监会五部门共同出台《关于金融支持制造强国建设的指导意见》，明确提出高度重视和持续改进对制造强国建设的金融支持和服务，积极发展和完善支持制造强国建设的多元化金融组织体系，创新发展符合制造业特点的信贷管理体制和金融产品体系，大力发展多层次资本市场，加强对制造强国建设的资金支持。拓宽融资渠道，积极支持制造业企业"走出去"，助推制造业转型升级。2017 年 10 月，中国人民银行和中国银行业监督管理委员联合发布《关于调整汽车贷款有关政策的通知》，旨在释放多元化消费潜力，推动绿色环保产业经济发展，提升汽车消费信贷市场供给质效。四是市场支持。2017 年 3 月，交通运输部颁布《城市公共汽车和电车客运管理规定》，其中明确规定实行规模化、集约化经营，鼓励推广新技术、新能源、新装备等。加强城市公共交通智能化建设，推进物联网、大数据、移动互联网等现代信息技术的应用。五是维修支撑。为加快推动汽车维修行业与互联网深入融合和创新发展，推进汽车维修行业转型升级，2017 年 5 月，交通运输部发布《关于开展汽车维修电子健康档案系统建设工作的通知》，开发省级汽车维修电子健康档案系统基础示范软件，为各省级系统建设提供技术支持。探索推进汽车维修企业维修管理软件标准化。六是车险优化。2017 年 6 月，中国保监会公布《关于商业车险费率调整及管理等有关问题的通知》，这意味降低车险费用，并使得车险条款更加丰富。同时，为强化保险监管，整治市场乱象，促进车险市场持续健康发展，7 月，保监会发布《关于整治机动车辆保险市场乱象的通知》。七是产业融合。为深入推进"互联网＋"，推动相关产业转型升级，大力培育新动能，发挥标准在车联网产业生态环境构建中的顶层设计和引领规范作用，2017 年 12 月，工业和信息化部、国家标准化管理委员会共同组织制定《国家车联网产业标准体系建设指南》。八是营运标准升级。2017 年 3 月，交通运输部发布《关于贯彻落实交通运输行业标准〈营运客车安全技术条件〉的通知》，从整车系统、转向系统、制动系统、传动系统、行驶系统、车身结构、车身强度、安全出口、安全防护装置等环节，提出了精准要求。标准中除直接引用 10 余条现有强制性标准之外，其余 30 多条标准均为新增或加严的条款。

（二）强化相关政策供给，继续鼓励新能源汽车

一是强化基础设施政策。为加快推动新能源汽车充电基础设施建设，培育良好的新能源汽车应用环境，2016 年 1 月，财政部、科技部、工业和信息化部、国家发展改革委、国家能源局五部门联合发布《关于"十三五"新能源汽车充电基础设施奖励政策及加强新能源汽车推广应用的通知》。文件明确指出，2016—2020 年中央财政将继续安排资金对充电基础设施建设、运营给予奖补。专门用于支持充电设施建设运营、改造升级、充换电服务网络运营监控系统建设等相关领域。同月 18 日，工业和信息化部、国家发展改革委再次颁布《关于实施第五阶段机动车排放标准的公告》（中华人民共和国环境保护部中华人民共和国工业和信息化部 2016 年第 4 号公告），旨在贯彻《中华人民共和国大气污染防治法》，严格控制机动车污染。2017 年 12 月，工业和信息化部等四部门发布《关于免征新能源汽车车辆购置税的公告》，宣布对若干新能源汽车免征车辆购置税。

二是扶持配套产业政策。为贯彻落实《国务院办公厅关于加快电动汽车充电基础设施建设的指导意见》（国办发〔2015〕73 号），发挥公共机构（包括各级国家机关、事业单位、团体组织）与国有企业示范带头作用，加快单位内部充电设施建设，为单位和职工推广使用电动汽车创造有利环境，国家能源局等三部门联合发布《关于加快单位内部电动汽车充电基础设施的通知》（国能电力〔2017〕19 号）。《通知》明确要求，到 2020 年，公共机构新建和既有停车场要规划建设配备充电设施的比例不低于 10%；中央国家机关及所属在京公共机构比例不低于 30%；在京中央企业比例不低于 30%。同时，为贯彻落实《国务院关于印发〈节能与新能源汽车产业发展规划（2012—2020 年）〉的通知》（国发〔2012〕22 号）以及《国务院办公厅关于加快新能源汽车推广应用的指导意见》（国办发〔2014〕35 号），加快提升我国汽车动力电池产业发展能力和水平，推动新能源汽车产业健康可持续发展，提高我国产业发展核心竞争力。2017 年 2 月，工业和信息化部会同国家发展改革委、科技部、财政部等有关部门出台《促进汽车动力电池产业发展行动方案》，提出动力电池发展三阶段：2018 年，提升现有产品性价比，保障高品质电池供应；2020 年，基于现有技术改进的新一代锂离子动力电池实现大规模应用；2025 年，采用新化学原理的新体系电池力争实现技术变革和开发测试。与此同时，提出建设动力电池创新中心等九大重点任务，以及加大政策支持力度等五大保障措施。8 月，交通运输部和住建部发布《关于促进小微型客车租赁健康发展的指导意见》，目的是推动移动互联网与小微型客车租赁的融合发展，有助于提升规模化水平，加强上下游行业及相关行业联动。

（三）鼓励动能化变革，推动智能化时代

一是发展人工智能。为抢抓人工智能发展战略机遇，构筑我国人工智能发展的先发优势，加快建设创新型国家和世界科技强国，2017 年 7 月，国务院发布《关于印发〈新一代人工智能发展规划〉的通知》。提出人工智能"三步走"战略，进行"构建一个体系、把握双重属性、坚持三位一体、强化四大支撑"布局，把培育高端高效的智能经济作为重点任务之一，明确支持发展智能运载工具，建设自动驾驶汽车和轨道交通系统，加强车载感知、自动驾驶、车联网、物联网等技术集成和配套，开发交通智能感知系统，形成我国自主的自动驾驶平台技术体系和产品总成能力，探索自动驾驶汽车共享模式。同年 12 月，国家发展改革委颁布《增强制造业核心竞争力三年行动计划（2018—2020 年）》（发改办产业〔2017〕2063 号），专门针对智能汽车提出关键技术产业化实施方案。二是鼓励高端制造。为贯彻落实《工业绿色发展规划（2016—2020 年）》《绿色制造工程实施指南（2016—2020 年）》，加快发展高端再制造、智能再制造，进一步提升机电产品再制造技术管理水平和产业发展质量，推动形成绿色发展方式，实现绿色增长，工业和信息化部研究制定《高端智能再制造行动计划（2018—2020 年）》，其中提出八大任务，包括加强高端智能再制造关键技术创新与产业化应用，推动智能化再制造装备研发与产业化应用，实施高端智能再制造示范工程，完善高端智能再制造产业协同体系，加快高端智能再制造标准研制，探索高端智能再制造产品推广应用新机制，建设高端智能再制造产业网络信息平台，构建高端智能再制造金融服务新模式等。三是强化材料升级。2017 年 12 月，工业和信息化部等十二部门联合发布《关于印发〈增材制造产业发展行动计划（2017—2020年）〉的通知》，强调指出，围绕新兴产业培育和重点领域制造业智能转型，着力提高创新能力，提升供给质量，培育龙头企业，推进示范应用，完善支撑体系，探索产业发展新业态新模式，营造良好发展环境，促进增材制造产业做大做强，为制造强国建设提供有力支撑，为经济发展注入新动能。四是破解市场壁垒。为加快促进新能源汽车产业提质增效、增强核心竞争力、实现高质量发展，财政部等四部门联合发布《关于调整完善新能源汽车推广应用财政补贴政策的通知》，再次提出破除新能源汽车地方保护，建立全国统一市场。

表9－1　2017年汽车产业结构调整相关政策文件

发布时间	发布部门	文件名称
2016年1月11日	财政部、科技部、工业和信息化部、国家发展改革委、国家能源局	《关于"十三五"新能源汽车充电基础设施奖励政策及加强新能源汽车推广应用的通知》（财建〔2016〕7号
2016年1月18日	工业和信息化部、环保部	《关于实施第五阶段机动车排放标准的公告》（中华人民共和国环境保护部中华人民共和国工业和信息化部2016年第4号公告）
2016年12月13日	财政部、国家税务总局	《关于减征1.6升及以下排量乘用车车辆购置税的通知》（财税〔2016〕136号）
2016年12月29日	财政部、科技部、工业和信息化部、国家发展改革委	《关于调整新能源汽车推广应用财政补贴政策的通知》（财建〔2016〕958号）
2017年1月3日	国家认监委	《国家认监委关于进一步深化汽车强制性产品认证改革的公告》（国家认监委2017年第1号公告）
2017年1月13日	国家能源局、国资委、国管局	《关于加快单位内部电动汽车充电基础设施的通知》（国能电力〔2017〕19号）
2017年1月16日	工业和信息化部	《新能源汽车生产企业及产品准入管理规定》（中华人民共和国工业和信息化部令第39号）
2017年1月20日	国家税务总局、公安部	《关于建立车辆购置税完税证明和机动车销售发票信息共享核查机制有关工作的通知》（税总发〔2017〕12号）

续表

发布时间	发布部门	文件名称
2017年 2月9日	交通运输部	《道路运输车辆卫星定位系统车载终端和平台标准符合性技术审查工作规范》（交办运〔2017〕16号）
2017年 2月20日	工业和信息化部、国家发展改革委、科学技术部、财政部	《促进汽车动力电池产业发展行动方案》（工信部联装〔2017〕29号）
2017年 3月8日	交通运输部	《关于贯彻落实交通运输行业标准〈营运客车安全技术条件〉（JT/T 1094—2016）的通知》（交办运〔2017〕31号）
2017年 3月29日	交通运输部	《城市公共汽车和电车客运管理规定》（交通运输部令2017年第5号）
2017年 3月30日	中国人民银行、工业和信息化部、银监会、证监会、保监会	《关于金融支持制造强国建设的指导意见》（银发〔2017〕58号）
2017年 4月6日	工业和信息化部、国家发展改革委、科技部	《关于印发〈汽车产业中长期发展规划〉的通知》（工信部联装〔2017〕53号）
2017年 5月12日	交通运输部	《关于开展汽车维修电子健康档案系统建设工作的通知》（交办运〔2017〕69号）
2017年 6月4日	国家发展改革委、工业和信息化部	《关于完善汽车投资项目管理的意见》（发改产业〔2017〕1055号）
2017年 7月20日	国务院	《关于印发新一代人工智能发展规划的通知》（国发〔2017〕35号）
2017年 8月4日	交通运输部、住房和城乡建设部	《关于促进小微型客车租赁健康发展的指导意见》（交运发〔2017〕110号）
2017年 9月27日	工业和信息化部、财政部、商务部、海关总署、国家质检总局	《乘用车企业平均燃料消耗量与新能源汽车积分并行管理办法》（中华人民共和国工业和信息化部、中华人民共和国财政部、中华人民共和国商务部、中华人民共和国海关总署、国家质量监督检验检疫总局令第44号）

续表

发布时间	发布部门	文件名称
2017 年 10 月 31 日	工业和信息化部	《高端智能再制造行动计划（2018—2020 年）》（工信部节〔2017〕265 号）
2017 年 11 月 2 日	工业和信息化部、商务部、海关总署、国家质检总局	《关于 2016 年度、2017 年度乘用车企业平均燃料消耗量管理有关工作的通知》（工信部联装〔2017〕266 号）
2017 年 12 月 13 日	工业和信息化部、国家发展改革委、教育部、公安部、财政部、商务部、文化部、国家卫生计生委、国资委、海关总署、国家质检总局、知识产权局	《关于印发〈增材制造产业发展行动计划（2017—2020 年）〉的通知》（工信部联装〔2017〕311 号）
2017 年 12 月 13 日	国家发展改革委	《增强制造业核心竞争力三年行动计划（2018—2020 年）》（发改办产业〔2017〕2063 号）
2017 年 12 月 19 日	交通运输部、公安部、国家质检总局	《关于加快推进道路货运车辆检验检测改革工作的通知》（交运发〔2017〕207 号）
2017 年 12 月 26 日	财政部、税务总局、工业和信息化部、科技部	《关于免征新能源汽车车辆购置税的公告》（2017 年第 172 号）
2018 年 1 月 2 日	国家税务总局	《关于成品油消费税征收管理有关问题的公告》（公告 2018 年第 1 号）
2018 年 1 月 2 日	国家税务总局	《关于长期来华定居专家免征车辆购置税有关问题的公告》（公告 2018 年第 2 号）
2018 年 1 月 26 日	工业和信息化部、科学技术部、环境保护部、交通运输部、商务部、国家质检总局、国家能源局	《新能源汽车动力蓄电池回收利用管理暂行办法》（工信部联节〔2018〕43 号）
2018 年 2 月 12 日	财政部、工业和信息化部、科技部、国家发展改革委	《关于调整完善新能源汽车推广应用财政补贴政策的通知》（财建〔2018〕18 号）

资料来源：赛迪智库产业政策研究所整理，2018 年 3 月。

二、重点政策解析

（一）《新能源汽车生产企业及产品准入管理规定》

为落实发展新能源汽车国家战略的内在要求，保障人民群众生命财产安全和公共利益，促进新能源汽车产业持续健康发展，亟须总结近年来产业发展和管理的经验，工业和信息化部公布制定此《规定》。

《规定》共32条，核心包括六方面内容：第一，明确新能源汽车的定义和范围。根据《节能与新能源汽车产业发展规划（2012—2020年）》（国发〔2012〕22号），《规定》第三条明确新能源汽车的定义，将范围确定为插电式混合动力（含增程式）汽车、纯电动汽车和燃料电池汽车等。第二，健全生产企业准入条件。申请新能源汽车生产企业需要已取得车辆生产企业准入资质或者已完成投资项目手续的新建汽车生产企业；符合相同类别的常规汽车生产企业准入管理规则；具备设计、开发、生产、售后服务、产品安全保障能力。同时，《规定》所附的《新能源汽车生产企业准入审查要求》（以下简称《准入审查要求》）进一步规定了17项审查要求。第三，完善产品准入条件。申请新入的新能源汽车产品，应符有关法律法规和安全技术条件，符合《新能源汽车产品专项检验项目及依据标准》以及相同类别的常规汽车相关标准，经检测机构检测合格。同时，《规定》所附的《新能源汽车产品专项检验项目及依据标准》进一步规定39项检验标准。第四，建立运行安全状态监测制度。生产企业应当建立新能源汽车产品运行安全状态监测平台，按照与用户的协议，对已销售产品的运行安全状态进行监测。为保护用户信息，《规定》要求生产企业妥善保管运行安全状态信息，不得泄露、篡改、毁损、出售或者非法向他人提供，不得监测与运行安全状态无关的信息。第五，进一步完善监督检查制度。《规定》明确中央和地方工业和信息化系统的职责边界：工业和信息化部通过资料审查、实地核查等方式，对生产企业的《准入审查要求》保持情况、生产一致性情况等进行监督检查；省级工业和信息化主管部门对本行政区域内生产企业的生产情况进行监督检查。第六，增强法律责任。对于故意隐瞒有关情况、提供虚假材料申请准入的，工业和信息化部不予受理或不予准入或给予警告，申请人在一年内不得再次申请准入；以欺骗、贿赂等不正当手段或非法手段取得准入的，撤销其准入，申请人在三年内不得再次申请准入。生产企业生产、销售未列入《道路机动车辆生产企业及产品公告》的新能源汽车车型的，工业和信息化部依据《道路交通安全法》予以处罚。

此外，《规定》从三个方面突出了新能源汽车产品的安全要求：一是生产企业及其相关产品准入要求。《规定》要求新能源汽车生产企业应当具备生产新能源汽车产品所必需的设计开发能力、生产能力、产品生产一致性保证能力及产品安全保障能力；申请新能源汽车产品准入的，应当符合《电动汽车安全要求第 1 部分：车载可充电储能系统（REESS)》《电动汽车碰撞后安全要求》等电动汽车安全专项检验标准。二是建立产品运行安全状态监测制度。《规定》要求生产企业建立新能源汽车产品运行安全状态监测平台，按照与新能源汽车产品用户的协议，对已销售产品的运行安全状态进行监测，并妥善保管运行安全状态信息。三是设置"叫停"制度。《规定》明确生产企业发现新能源汽车产品存在安全隐患等严重问题的，应立即停止相关产品的生产、销售，采取措施进行整改；生产企业不能保持《准入审查要求》，存在公共安全、人身健康、生命安全隐患现象，工业和信息化部依法依规责令其停止生产、销售活动，并责令立即依法依规改正。

同时，根据国务院有关"简政放权、放管结合、优化服务"等改革要求，《规定》着力规范审批、利企便民。一是按照《行政许可法》有关规定，明确新能源汽车生产企业及产品准入的条件、程序和期限。二是优化审批程序。申请新能源汽车生产企业准入，如已通过相同类别的常规汽车生产企业准入审查的，将免予审查《准入审查要求》的相关要求；取得插电式混合动力汽车、燃料电池汽车产品准入的生产企业，申请相同类别的纯电动汽车产品准入的，只进行资料审查；现有新能源汽车整车生产企业按照本规定进行改造、审查时，将免予审查其取得准入时已审查的有关内容。三是提升规范检测环节，要求检测机构严格按相关规定开展检测工作，不得擅自变更检测要求。

（二）《关于完善汽车投资项目管理的意见》

为促进汽车产业健康有序发展，国家发展改革委、工业和信息化部联合出台此《文件》。《文件》包括四大部分，主要从产业结构调整、投资管理、产能监测、监督管理等方面进行谋划。具体来看：

第一，优化产业结构调整，强化增能企业和地域要求。现有汽车整车企业申请建设扩大传统燃油汽车生产能力投资项目，需满足产能利用率、产量、研发投入、产品的国际竞争力以及企业平均燃料消耗量等多项指标；新增产能的建设地区的产能利用率高并且综合竞争优势明显。可以看出，政府从企业和地方两个层面进行新增产能项目考核。近年来，新能源汽车不仅社会资本投入踊跃，各地方政府也十分重视，尤其在新能源汽车项目上的招商引资十分积极，为了能够成功吸引企业落地，往往开出优越的条件。提出产能利用率要求，有利于严控新建企业投资项目管理，防范盲目布点，并减少低水平重复建设。鼓励企业开展国际合作，支持企业利用国际技术、资本、人才等要素提升国内新能源汽车产业化水平。

第二，规范投资管理，严格控制新增传统燃油汽车产能，为跨细分类等投资项目核准预留一定空间。原则上不再核准新建三种类型传统燃油汽车投资项目。即：一是新建独立法人传统燃油汽车整车企业投资项目；二是现有汽车整车企业跨乘用车、商用车类别投资项目；三是已停产半停产、连年亏损、资不抵债，靠政府补贴和银行续贷存在的现有汽车整车企业跨省、自治区、直辖市迁址新建投资项目。申请新建专用汽车企业投资项目，企业应具备产品开发的能力和条件，拟生产产品技术水平先进。申请新建发动机企业投资项目，除符合既有规定外，拟生产的汽油发动机升功率应不低于 70 千瓦，柴油发动机升功率应不低于 50 千瓦。

第三，规范汽车产业监督管理，加大地方政府的监管责任。《文件》中指出，新建专用汽车企业投资项目不再报送国家发展改革委备案。《汽车产业发展政策》规定的其他报送国家发展改革委备案的投资项目，调整为报送省级政府投资主管部门备案。国家发展改革委把多数汽车项目审批权力下放到地方，相应的监管责任由地方政府承担，要求省级政府投资主管部门要按照谁审批谁监管、谁主管谁监管的原则，进一步加强对汽车投资项目的事中事后监管，以便准确掌握汽车投资项目建设、运行情况和企业发展情况，为企业做好投资服务工作。

第四，加强汽车产能监测预警工作。要求建立汽车产能信息报送制度，加强汽车产能发布和预警。各汽车生产企业每年度把产能变化情况上报省级发改和工信部门，并抄送国家发展改革委和工信部，然后由国家发展改革委组织相关行业协会和机构设置年度汽车产能核查和信息发布工作机制，及时公开发布汽车产能变动信息，加强产能预警，引导企业和社会资本合理、高效、规范投资。

（三）《乘用车企业平均燃料消耗量与新能源汽车积分并行管理办法》①

为进一步推动节能与新能源汽车产业发展，借鉴美欧等发达国家汽车企业平均燃料消耗量和新能源汽车管理法规的立法经验和做法，结合我国汽车产业实际，以规范和加强乘用车企业平均燃料消耗量与新能源汽车积分管理。工业和信息化部、财政部、商务部、海关总署、质检总局五部门联合发布此《办法》。

《办法》遵循以下思路：一是增减并进，设立企业平均燃料消耗量和新能源汽车两种积分，实现节能降耗和增加新能源汽车发展两个目标。二是政市分界，企业自主确定负积分抵偿方式，政府发挥顶层设计、监督管理等作用。三是公平一致，实行统一的积分核算规则。

《办法》共八章，四十条。主要内容包括六方面：第一，建设积分核算体系。境内各乘用车生产企业、各进口乘用车供应企业都作为平均燃料消耗量积分与新能源汽车积分的核算主体，单独实施核算。建立汽车燃料消耗量与新能源汽车积分管理平台，推进积分公示、转让、交易等。第二，明确积分核算方法。《办法》规定乘用车企业平均燃料消耗量积分和新能源汽车积分核算方法，明确与积分核算相关的实际值、达标值、目标值等指标的核算方式。第三，放宽小规模企业的燃料消耗量达标要求。《办法》对年度生产量2000辆以下并且生产、研发和运营保持独立的乘用车生产企业，年度进口量2000辆以下的获境外生产企业授权的进口乘用车供应企业，以及未获授权的进口乘用车供应企业，放宽其平均燃料消耗量积分的达标要求。如对年度进口量2000辆以下的未获授权的进口乘用车供应企业，暂不实施积分核算。第四，设立新能源汽车积分比例要求的门槛。《办法》对传统能源乘用车年度生产量或者进口量不满3万辆的乘用车企业，不设定新能源汽车积分比例要求；达

---

① http：//www.miit.gov.cn/n1146295/n1652858/n1653018/c5826370/content.html.

到3万辆以上的，从2019年度开始设定积分比例要求，其中，2019年、2020年的积分比例要求分别为10%、12%，2021年度及以后年度的积分比例要求另行公布。第五，实行积分并行管理。一是新能源汽车积分中，正积分可以自由交易，但不得结转（2019年度的正积分可等额结转一年）；负积分可以采取购买新能源汽车正积分的方式抵偿归零。二是企业平均燃料消耗量积分中，正积分可以按照80%或者90%的比例结转后续年度使用，结转有效期不超过三年；负积分抵偿归零的方式包括：使用本企业结转或者受让的平均燃料消耗量正积分，使用本企业产生或者购买的新能源汽车正积分，受让的平均燃料消耗量正积分，仅限其在当年度使用，不得再次转让。三是负积分抵偿方面，应当在工业和信息化部发布积分核算情况报告后90日内完成负积分抵偿归零；新能源汽车正积分可以抵扣同等数量的平均燃料消耗量负积分。需要注意的是，《办法》只对2019年度和2020年度的乘用车企业新能源汽车积分比例设置要求，2021年度以后尚不明确。第六，完善监督管理制度。工业和信息化部会同财政、商务、海关、质检等部门对积分进行核查，并发布积分核算情况年度报告。建立乘用车企业信用管理制度，要求企业提交信用承诺书并及时向社会公示；企业未按规定报送数据、提交积分报告，情节严重的，作为失信企业进行通报并录入车辆生产企业信用信息管理平台。

（四）《汽车产业中长期发展规划》

《规划》的核心目标是做大做强中国品牌汽车。制度安排上要以新能源汽车和智能网联汽车为突破口，引领汽车产业转型；政策上主要包括优化产业发展环境，推动行业内外协同革新以及产业体系国际化。

可用"四六六六"总结《规划》核心内容：四个原则、六个规划目标、六项重点任务和四大保障。四个原则，即创新驱动、重点突破；协同发展、合作共赢；市场主导、政府引导；开放包容、竞合发展。六个规划目标是汽车强国的政策动作。即突破关键技术、发展中国汽车品牌、提升国际发展能力、新型产业生态基本形成、全产业链实现安全可控、绿色发展水平提高。具体量化指标为：第一，到2020年，培育若干家进入世界前十的新能源汽车企业并形成若干家超过1000亿元规模的汽车零部件企业集团，智能化水平显著提升，汽车后市场及服务业在价值链中的比例达到45%以上，新车平均燃料消耗量乘用车降到 5.0 升/百公里、节能型汽车燃料消耗量降到 4.5 升/百公里以下，中国品牌汽车逐步实现向发达国家出口。第二，到 2025 年，若干家中国汽车品牌企业产销量进入世界前十强，中国品牌汽车实现全球化发展布局；重点领域实现智能化，汽车后市场及服务业在价值链中的比重超过55%，新车平均燃料消耗量乘用车降到 4.0 升/百公里、商用车达到国际领先水平，排放达到国际先进水平。六项重点任务分别为：一是完善创新体系，增强自主发展动力。健全创新机制，为优势资源整合提供良好的外部制度环境。强化汽车产业联合基金，为基础技术发展提供资金支撑。建立产业协同平台，形成体系化的技术创新合力，创建核心共性技术开发基石。二是强化基础能力，贯通产业链条体系。组建技术产业联盟，推动整车与相关行业企业、零部件企业加强技术，突破关键零部件技术瓶颈，建立安全可靠的行业协同体系。三是突破重点领域，引领产业结构升级。提升汽车技术开拓，推广成熟节能技术，形成新能源汽车、智能网联汽车和节能汽车合理并存的产业布局。加快新能源汽车技术研发及产业化、商业化。推进智能网联汽车和节能汽车核心技术攻关与推广。四是增强跨界融合，打造新产业生态。以互联网应用为抓手，加快推动智能制造，创新融合发展模式，提高全生命周期绿色发展。五是提升质量品牌，打造国际领军企业。动态提高产品质量标准体系，加强中国汽车民族品牌建设，推动国企改革，鼓励汽车产业资源优化，提升产业集中度。六是深化开放合作，提高国际发展能力。支持企业海外布局，将国际化作为未来发展的战略设计，抓住国际合作机遇，推动中国汽车嵌入全球市场。

六大保障措施分别是：一是深化体制机制改革。强化汽车产业管理法治化、集约化和国际化，创造公平公正的汽车产业营商环境。二是优化财税金融支持。完善产业投资基金、汽车产业联合基金等，落实消费税、车辆购置税等税收政策，发挥政策性金融和商业金融优势支持汽车行业发展。三是增强标准体系建设。推动政府主导与市场制定的标准协同发展，建立适合当前我国国情并与国际接轨的标准体系。四是人才队伍保障。推进汽车人才专项研究，完善人才评价体系和激励机制，优化人才流动和人才生态场域。五是完善产业发展环境。提高城市规划，建设现代综合交通运输服务体系。六是发挥行业组织作用。在标准制订、数据统计、成果鉴定、检验检测、协调沟通、公共服务等层面发挥其优势。

第二节　2017 年汽车产业结构调整的主要情况

2017 年，我国汽车产销量继续问鼎全球第一。主营业务收入、利润总额以及固定资产投资均呈现增长态势，但增幅有所回落。在国家政策的扶持下，新能源汽车依然呈增长态势，自主品牌车系市场份额不断增加，智能汽车有所突破，汽车市场趋向集中趋势。

一、新能源汽车强增长，节能汽车有所下降

由于国家汽车政策支持与鼓励，以及产业链配套能力不断提升，新能源汽车市场继续呈扩张态势。2017 年，新能源汽车产销均接近 80 万辆，分别达到 79.4 万辆、77.7 万辆，同比分别增长 53.8% 和 53.3%，产销增速同比提高 2.1 和 0.3 个百分点。新能源汽车市场占比 2.7%，同比提高 0.9 个百分点。[①] 虽然目前新能源车市场占比较少，但继续增长已成为市场趋势。受购置税优惠幅度减少以及过去放量透支影响，目标消费者的购买欲望有所降低。1.6 升及以下排量乘用车市场有些略降。统计显示，2017 年，销售 1719.28 万辆，同比下降 1.08%，占乘用车销售总量的 69.55%，比上年下降 1.75 个百分点。[②]

另外，由于补贴政策退坡、技术门槛提高以及 3 万公里门槛的综合作用，增加了新能源车生产企业的综合成本，倒逼车企注重提升产品品质，有效促进了产业结构升级以及行业发展水平的提高。

二、自主品牌同比增，细分市场有差异

随着国产汽车配套体系整合完善，产品质量和可靠性水平的提高，自主

---

① http://www.miit.gov.cn/n1146312/n1146904/n1648362/n1648363/c6012575/content.html.
② http://www.miit.gov.cn/nov1146312/n1146904/n1648362/n1648363/c6012593/content.html.

品牌延续性增加。2017 年,中国品牌乘用车共销售 1084.67 万辆,同比增长 3.02%;占乘用车销售总量的 43.88%,占有率比上年提升 0.69 个百分点。其中,中国品牌轿车销量 235.45 万辆,同比增长 0.6%,市场份额 19.87%,同比增长 0.6 个百分点;SUV 销量 621.7 万辆,同比增长 18%,市场份额 60.6%,同比增长 2.4 个百分点;MPV 销量 172.8 万辆,同比下降 22.8%,市场份额 83.5%,同比下降 6.2 个百分点。[1] 需要说明的是,SUV 是自主品牌最具竞争力的细分产品。生育政策的日益放松,单位家庭户规模的变革,多座型 SUV 或将成为下一个市场热点。

凭借"一带一路",自主品牌跃上世界舞台。数据显示,2017 年,汽车整车出口 106.38 万辆,同比增长 31.37%;出口金额 140.57 亿美元,同比增长 23.05%。[2] 其中,在"一带一路"沿线国家的汽车出口量总体占比已超过出口总量的 60%。[3]

在创新驱动的倡导下,汽车的应用场景发生变化,品牌细分市场分化进一步明显。2017 年,商用车产销 420.9 万辆和 416.1 万辆,同比分别增长 13.8% 和 14%,超 10% 的增长率,大幅超过全行业增速。[4] 在商用车领域中,重型货车产销 114.97 万辆和 111.69 万辆,同比分别增长 55.07% 和 52.38%[5],成为商用车行业乃至汽车行业销量增长的拉动主力。重型货车的高速增长得益于多项政策的推动,首先是于 2016 年中新版 GB1589 的实施,从多方面规划了未来商用车行业对于车型的要求,同时,治理超限超载行动的常态化,更进一步促进了重型货车的销售,从 2016 年四季度开始,重型货车市场出现井喷态势,这种局面一直延续到了 2017 年底。2017 年,全国范围普遍实施国五排放标准,进一步加速重型货车的置换进度,单月销量同比增速持续保持高位运行。

---

① http://www.miit.gov.cn/n1146312/n1146904/n1648362/n1648363/c6012563/content.html.

② http://www.caam.org.cn/zhengche/20180209/1605215569.html.

③ http://news.sina.com.cn/o/2018 - 03 - 15/doc - ifyshmne8137787.shtml.

④ http://www.auto - stats.org.cn/ReadArticle.asp? NewsID = 10030.

⑤ http://www.sohu.com/a/217855626_738536.

三、市场集中再提高，网络助力新突破

随着市场充分竞争，车企资源加速整合，集中化趋势明显。从销售看，2017年，汽车销量排名前十位的企业依次为上汽、东风、一汽、长安、北汽、广汽、吉利、长城、华晨和奇瑞，上述十家企业共销售2556.24万辆，同比增长3.2%，高于行业增速0.2个百分点。占汽车销售总量的88.52%，高于上年0.2个百分点。[①] 从品牌看，2017年，中国品牌汽车销量排名前十家企业依次为上汽、长安、东风、吉利、北汽、长城、奇瑞、一汽、广汽和江淮，上述十家企业共销售1179.09万辆，占中国品牌汽车销售总量的79.76%。[②] 从区域看，这些企业集中分布在东北、中部、环渤海、长三角、珠三角、西南地区。这意味我国已基本形成六大汽车产业集群，国内汽车产业的整体格局已基本确定。

在政策的推动下，"互联网＋"正持续改造汽车产业链的各个环节，汽车产业生态系统继续重塑，产业链条化发展不断丰富。网络化协同制造与服务型制造正逐步成为汽车行业新模式。在研发环节，互联网汽车逐步显现；生产环节，定制化制造渐成可能；销售环节，电商销售逐渐呈现；用车环节，共享汽车或成新风潮；服务环节，互联网＋统筹后市场领域，促进企业资源整合。

第三节　面临的问题与挑战

一、重数量，欠效益

目前中国汽车工业已在全球市场占据重要位置，但主要企业自主品牌发展却并非齐头并进。此外，国内部分企业平均燃料消耗量超标，汽车进出口

---

① http：//www. miit. gov. cn/n1146312/n1146904/n1648362/n1648363/c6012581/content. html.

② http：//www. miit. gov. cn/n1146312/n1146904/n1648362/n1648363/c6012587/content. html.

市场疲软，摩托车产销量加速下滑。①

中国作为全球最大的商用车产销国，当前正处于汽车产业快速发展期，不仅市场容量较大，配套体系日趋完整，而且制造能力正在快速崛起，但与跨国商用车巨头相比，中国商用车企业在国际市场上的研发、市场、产业链条、后市场保障体系、配件供应体系都明显偏弱。②

根据 2017 年上半年的数据统计，上汽、东风、一汽、北汽、广汽和吉利这六家车企总利润为 117.23 亿美元，不及丰田汽车一家 168.99 亿美元的总利润。③ 中国车企与海外车企利润指标存在明显差距。

二、重销售，轻服务

发达国家汽车后服务市场的利润占比高达 60% 左右。与之相比，我国汽车后服务市场的利润在整个汽车产业链的占比仅为 20%。④ 第一，国内汽车服务细分市场发展不平衡。目前，以维修和美容装饰为主，前者已非常成熟，而后者存在规模较小、持续经营能力差、品牌优势不突出等困境。部分细分市场发展较为缓慢，如汽车消费信贷。第二，传统汽车二手车市场均存在市场信息不对称，市场诚信度低，评估体系不健全，技术检测不完善，收费标准不统一，新能源汽车二手车评估标准的缺失，流通体系的不健全，车辆保值率低等问题，已经严重制约我国汽车产业良性发展。⑤ 造成这些问题的原因很多。一是顶层设计存在短板，导致缺乏行业标准，政策不稳定，发展竞争无序，行业组织散乱，归口有待统一等。⑥ 二是国内从事汽车服务业的从业人员文化水平整体偏低，知识结构老化，信息化程度较低，服务意识相对薄弱，专业和技术人才缺乏。如销售、装饰美容、保养修理、汽车金融、二手车交易、汽车模特、汽车电子商务、汽车媒体策划、汽车生态、汽车旅游等后市场均面临程度不同的人才不足困境。

---

① http://finance.sina.com.cn/roll/2017-11-17/doc-ifynwnty3961505.shtml.
② http://finance.sina.com.cn/roll/2018-02-10/doc-ifyrmfmc0944789.shtml.
③ http://www.ocn.com.cn/qiche/201708/noicn10162854.shtml.
④ http://info.auto-a.hc360.com/2017/03/171851914330.shtml.
⑤ 门峰、王今：《中国汽车产业结构调整研究》，《汽车工业研究》2011 年第 5 期。
⑥ http://www.chyxx.com/news/2016/1222/480126.html.

三、大体量，存失衡

作为传统汽车工业集聚地，东部地区和东北地区表现出明显的区域非均衡空间格局。东部地区的上海、江苏和浙江，东北地区的辽宁、吉林，中部地区的湖北，分别作为中国对外开放的重点地区和国家重点汽车工业基地，占据我国六成以上的汽车工业总量。区域空间竞争激烈，东中部发展较快，西部地区由于不具备东部发达地区的经济和地理优势，其发展速度低于东中部地区，使得两者的空间差异扩大，造成我国汽车产业地区发展不平衡的现象。[1] 地方保护依旧存在，设立地方目录或对外地新能源车企设置障碍等现象突出，使国内新能源汽车大市场的优势无法发挥，汽车产业营商环境亟须继续优化。

---

① 居桦：《中国汽车产业结构优化及升级研究》，《岭南师范学院学报》2015年第6期。

第十章 电子信息产业结构调整

2017 年，在国家各项政策的支持下，我国电子信息产业结构不断优化和升级，实现总量效益的双提升，产品结构不断升级，行业技术水平不断提升，龙头企业对行业的引领作用不断增强，进一步成为稳增长、促转型的重要力量。

第一节 2017 年电子信息产业结构调整的主要政策

一、政策基本情况

（一）抢占人工智能战略制高点

近年来，欧美国家争先对人工智能进行战略布局。2016 年 10 月，美国发布了《美国人工智能研究和发展战略规划》，2017 年 7 月发布了《人工智能与国家安全》报告；英国在 2014 年、2015 年、2016 年相继发布了《人工智能 2020 国家战略》《英国机器人及人工智能发展图景》和《人工智能：未来决策制定的机遇与影响》。自 2016 年以来，我国也陆续出台了鼓励发展人工智能、智能化产品、智能化应用的相关政策。2016 年 5 月，国家发展改革委、科技部、工业和信息化部、中央网信办制定了《"互联网＋"人工智能三年行动实施方案》。计划到 2018 年，基本建立人工智能的产业、服务和标准化体系，实现核心技术突破，培育若干全球领先的人工智能骨干企业，形成千亿级的人工智能市场应用规模。2017 年 7 月，国务院从国家战略的高度研究制定了《新一代人工智能发展规划》（国发〔2017〕35 号），从国家全面和长远发展的角度进行前瞻性谋划。为落实《中国制造 2025》和《新一代人工智能发展规划》部署，工业和信息化部于 2017 年 12 月印发了《促进新一代人工智能产业发展三年行动计划（2018—2020 年)》，以信息技术与制造技术深度融合为主线，以新一代人工智能技术的产业化和集成应用为重点，推进人工智能和制造业深度融合，加快制造强国和网络强国建设。一些发达省市地区也纷纷落实国家人工智能发展战略，福建省人民政府于 2018 年 3 月发布了《关于推动新一代人工智能加快发展的实施意见》；广东省发布了《新一代人工智能发展规划（2018—2030 年)》（征求意见稿）；多省高校纷纷成立大数据和人工智能等新增专业，大力培养科技人才。全国范围内正在积极进行对人工智能核心技术、顶尖人才、标准规范的强化和部署。

（二）进步推进互联网向工业领域深度融合

工业互联网作为新一代信息技术与制造业深度融合形成的载体，日益成为"互联网＋先进制造业"的重要基石。2017 年 11 月，国务院出台了《国务院关于深化"互联网＋先进制造业"发展工业互联网的指导意见》，聚焦发展智能、绿色的先进制造业，构建网络、平台、安全三大功能体系，增强工业互联网产业供给能力，持续提升我国工业互联网发展水平。2017 年 9 月，工信部发布《工业电子商务发展三年行动计划》（工信部信软〔2017〕227号），推动个性化定制、网络化协同和服务型制造等新型生产模式的发展，促进工业领域的电子商务的广泛应用。

表 10 – 1　2017 年电子信息产业主要政策一览

发布时间	发布部门	政策名称
2017 年 7 月	国务院	《新一代人工智能发展规划》
2017 年 11 月	国务院	《国务院关于深化"互联网＋先进制造业"发展工业互联网的指导意见》
2017 年 1 月	工信部、国家发改委	《工业和信息化部国家发展改革委关于印发〈信息产业发展指南〉的通知》
2017 年 1 月	工信部	《信息通信行业发展规划（2016—2020 年)》
2017 年 1 月	工信部	《大数据产业发展规划（2016—2020 年)》
2017 年 1 月	工信部	《软件和信息技术服务业发展规划（2016—2020 年)》
2017 年 4 月	工信部	《云计算发展三年行动计划（2017—2019 年)》

续表

发布时间	发布部门	政策名称
2017 年 4 月	工信部	《中国软件名城创建管理办法（试行）》
2017 年 6 月	工信部	《工业和信息化部办公厅关于全面推进移动物联网（NB－IoT）建设发展的通知》
2017 年 9 月	工信部	《工业电子商务发展三年行动计划》
2017 年 12 月	工信部	《促进新一代人工智能产业发展三年行动计划（2018—2020 年）》

资料来源：赛迪智库整理，2018 年 3 月。

二、重点政策解析

（一）《新一代人工智能发展规划》

以习近平同志为核心的党中央高度重视人工智能发展。2017 年 7 月，经中央政治局常委会、国务院常务会议审议通过，国务院印发《新一代人工智能发展规划》（国发〔2017〕35 号）。《规划》是我们国家在人工智能领域发布的第一个系统部署的文件，按照"构建一个体系、把握双重属性、坚持三位一体、强化四大支撑"进行布局，重点对 2030 年我国新人工智能发展的总体思路、战略目标和主要任务、保障措施进行系统的规划和部署。

《规划》提出"三步走"战略：第一步，到 2020 年，新一代人工智能理论和技术取得重要进展，人工智能产业竞争力进入国际第一方阵；第二步，到 2025 年，部分技术与应用达到世界领先水平，在多个领域得到广泛应用，人工智能核心产业规模超过 4000 亿元，带动相关产业规模超过 5 万亿元；第三步，到 2030 年，人工智能理论、技术与应用总体达到世界领先水平，成为世界主要人工智能创新中心，人工智能核心产业规模超过 1 万亿元，带动相关产业规模超过 10 万亿元。

《规划》提出六个方面重点任务：一是构建开放协同的人工智能科技创新体系，从前沿基础理论、关键共性技术、创新平台、高端人才队伍等方面强化部署。二是培育高端高效的智能经济，发展人工智能新兴产业，推进产业智能化升级，打造人工智能创新高地。三是建设安全便捷的智能社会，发展高效智能服务，提高社会治理智能化水平，利用人工智能提升公共安全保障能力，促进社会交往的共享互信。四是加强人工智能领域军民融合，促进人工智能技术军民双向转化、军民创新资源共建共享。五是构建泛在安全高效的智能化基础设施体系，加强网络、大数据、高效能计算等基础设施的建设升级。六是前瞻布局重大科技项目，针对新一代人工智能特有的重大基础理论和共性关键技术瓶颈，加强整体统筹，形成以新一代人工智能重大科技项目为核心、统筹当前和未来研发任务布局的人工智能项目群。

在政策保障措施方面，《规划》提出充分利用已有资金、基地等存量资源，发挥财政引导和市场主导作用，形成财政、金融和社会资本多方支持新一代人工智能发展的格局，并从法律法规、伦理规范、重点政策、知识产权与标准、安全监管与评估、劳动力培训、科学普及等方面提出相关保障措施。

(二)《国务院关于深化"互联网＋先进制造业"发展工业互联网的指导意见》

当前，互联网创新发展与新工业革命正处于历史交汇期。发达国家抢抓新一轮工业革命机遇，围绕核心标准、技术、平台加速布局工业互联网。为加快推动我国工业互联网的发展，国务院于 2017 年 11 月印发了《关于深化"互联网＋先进制造业"发展工业互联网的指导意见》。

《意见》指出，要深入贯彻落实党的十九大精神，以全面支撑制造强国和网络强国建设为目标，围绕推动互联网和实体经济深度融合，聚焦发展智能、绿色的先进制造业，构建网络、平台、安全三大功能体系，增强工业互联网产业供给能力，持续提升我国工业互联网发展水平，深入推进"互联网＋"，形成实体经济与网络相互促进、同步提升的良好格局，有力推动现代化经济体系建设。

《意见》提出三个阶段发展目标：到 2025 年，覆盖各地区、各行业的工业互联网网络基础设施基本建成，工业互联网标识解析体系不断健全并规模化推广，基本形成具备国际竞争力的基础设施和产业体系；到 2035 年，建成国际领先的工业互联网网络基础设施和平台，工业互联网全面深度应用并在优势行业形成创新引领能力，重点领域实现国际领先；到本世纪中叶，工业互联网创新发展能力、技术产业体系以及融合应用等全面达到国际先进水平，综合实力进入世界前列。

《意见》明确了建设和发展工业互联网的主要任务：一是夯实网络基础，推动网络改造升级提速降费，推进标识解析体系建设。二是打造平台体系，通过分类施策、同步推进、动态调整，形成多层次、系统化的平台发展体系，提升平台运营能力。三是加强产业支撑，加大关键共性技术攻关力度，加快建立统一、综合、开放的工业互联网标准体系，提升产品与解决方案供给能力。四是促进融合应用，提升大型企业工业互联网创新和应用水平，加快中小企业工业互联网应用普及。五是完善生态体系，建设工业互联网创新中心，有效整合高校、科研院所、企业创新资源，开展工业互联网产学研协同创新，构建企业协同发展体系，形成中央地方联动、区域互补的协同发展机制。六是提升安全防护能力，建立数据安全保护体系，推动安全技术手段建设。七是推动开放合作，鼓励国内外企业跨领域、全产业链紧密协作。《意见》还部署了七项重点工程：工业互联网基础设施升级改造工程，工业互联网平台建设及推广工程，标准研制及试验验证工程，关键技术产业化工程，工业互联网集成创新应用工程，区域创新示范建设工程，安全保障能力提升工程。

《意见》提出，要建立健全法规制度；扩大市场主体平等进入范围，实施包容审慎监管，营造良好市场环境；重点支持网络体系、平台体系、安全体系能力建设，加大财税支持力度；支持扩大直接融资比重，创新金融服务方式；强化专业人才支撑，创新人才使用机制；健全组织实施机制，促进工业互联网与"中国制造 2025"协同推进，为工业互联网快速发展提供支撑保障。

第二节　2017 年电子信息产业结构调整的主要情况

一、电子信息行业总量效益双提升

根据中国电子信息行业联合会数据，2017 年，我国电子信息行业整体运行稳中有进、稳中向好。全行业收入接近 20 万亿元，同比增长超过 10%，其中电子信息制造业超过 14 万亿元，软件与信息服务达 5.5 万亿元。全行业利润总额同比增长 15%，利润率达 5.3%，同比提高 0.2 个百分点；投资总额同比增长 25.3%，对行业增长贡献率达到 30%。

从硬件方面来看，规模以上电子信息制造业增加值比上年增长 13.8%，增速比 2016 年加快 3.8 个百分点，快于全部规模以上工业增速 7.2 个百分点，占规模以上工业增加值比重为 7.7%；实现利润比上年增长 22.9%，增速比 2016 年提高 10.1 个百分点。

从软件方面来看，软件业务收入加快增长。2017 年，全国软件和信息技术服务业完成软件业务收入 5.5 万亿元，比上年增长 13.9%，增速同比提高 0.8 个百分点。利润也快于收入的增长，全行业实现利润总额 7020 亿元，比上年增长 15.8%，比 2016 年提高 2.1 个百分点，高出收入增速 1.9 个百分点。[①]

二、电子信息产品结构不断升级

电子信息产品不断呈现出智能化、高端化和融合化的特点，新业态、新模式不断涌现。在通信设备行业，2017 年共生产智能手机 14 亿部，比上年增长 0.7%，占全部手机产量比重为 74.3%。在家用视听行业，共生产液晶电视机 16901 万台，比上年增长 1.2%；智能电视 10931 万台，比上年增长 6.9%，占彩电产量比重为 63.4%。在电子器件行业，2017 年生产集成电路 1565 亿块，比上年增长 18.2%。软件和信息技术服务继续向服务化、云化演进。2017 年云计算相关的运营服务（包括在线软件运营服务、平台运营服务、基础设施运营服务等在内的信息技术服务）收入超过 8000 亿元，比上年增长 16.5%。

三、中西部地区发展快于东部地区

从投资来看，西部地区投资增速领跑。2017 年，西部地区完成投资同比增长 46.1%，增速比 2016 年提高 26.3 个百分点，继续领跑全国；中部地区投资增长较快，完成投资同比增长 25.7%，增速比 2016 年提高 11.7 个百分

---

① 数据来源于工业和信息化部。

点；东部地区投资增长平稳，完成投资同比增长 17.1%，增速比 2016 年回落 1.6 个百分点；东北地区投资由降转升，完成投资同比增长 39.7%（2016 年为下降 29.6%），中西部地区成为电子信息行业的重点增长点。

中西部地区的软件行业发展增速快于东部。2017 年，东部地区完成软件业务收入 4.4 万亿元，同比增长 13.8%，占全国软件业的比重为 79.2%，比上年下降 0.1 个百分点；中部和西部地区完成软件业务收入分别为 2497 亿元和 6187 亿元，分别增长 15.9% 和 17.3%，占全国软件业的比重为 4.5% 和 11.2%，比上年分别提高 0.1 和 0.3 个百分点。

四、行业技术水平和创新能力不断提升

近年来，我国科技企业，尤其是 IT 的龙头企业不断加大科技研发投入。根据世界品牌实验室发布的数据，2017 年度，中国企业研发投入前 15 强中，华为以 103.63 亿欧元的研发投入名列榜首，阿里巴巴以 23.29 亿欧元的研发投入排名第二。在研发强度方面，阿里巴巴、腾讯、百度这三家互联网巨头中，百度的研发强度最大，为 14.4%，腾讯的研发强度是百度的一半左右，为 7.8%，阿里巴巴的研发强度为 10.8%。随着新一代信息技术的不断发展，正在带动行业向智能化方向转型。我国的很多地区已经在智慧城市教育、汽车智能客服等人工智能领域初步形成了从技术到产业再到应用的完整布局。2017 年，有实力的互联网企业纷纷加快研究院和实验室建设，百度、腾讯、阿里巴巴先后推出了 Duer OS、Apollo、AI in Car、EI 等开放平台，围绕智能家居、无人驾驶、城市管理、医疗服务、工业生产等领域打造产业生态圈。《麻省理工科技评论》公布的 2017 年度全球十大突破技术，包括深度学习、刷脸支付、自动驾驶等，科大讯飞、阿里巴巴、百度等多家中国企业都在这些方面取得了技术突破，显示出我国在人工智能技术研究方面已经走在了世界前列。

五、龙头企业对行业引领作用不断增强

2017 年 7 月，中国电子信息行业联合会发布了 "2017 年中国电子信息百强企业" 名单，华为、联想、海尔在榜单中名列前三名。作为行业龙头，电

子信息百强企业的业务规模持续扩大，2017年主营业务收入超过3万亿元，同比增长12.9%，平均利润率为6.2%，高于行业平均水平0.9个百分点，百强企业的发明专利达到18.9万件，在行业中占比超过60%，创新能力远远高于全国平均水平。

软件和信息服务百强企业对行业带动引领作用更加明显。2017年，百强企业利润和收入占全行业的收入和利润的比重分别达到21%和46%，效益水平在行业中处于领先地位，研发投入占全行业的比重近50%。百强企业已不足全行业0.5%的企业个数，却创造了全行业20%的销售收入、22%的利润和24%的税金，拉动全行业就业增长10%。

第三节　面临的问题与挑战

一、核心关键技术垄断亟待突破

我国电子信息产业呈现出应用强、基础弱的不平衡的发展态势。在先进制造工艺、基础原材料、核心设备等关键基础领域，我国距离国际先进水平仍有较大差距，核心产品仍依赖进口。2016年，中国集成电路进口额高达2271亿美元，高居中国各种产品进口额之首。同年中国集成电路领域投资同比增长超过30%，一批重大项目开工建设，其中90%生产设备都要依赖进口。创新能力不强还源自于研发投入不足。2017年，我国电子信息百强企业研发投入合计1890亿元，不足微软和英特尔两家企业的总和。在人工智能的核心技术领域，美国的谷歌、微软、苹果、Facebook等IT巨头在全球具有绝对的领先优势，我国在基础理论、核心算法以及关键设备、高端芯片、重大产品与系统等方面尚有差距，在短期内难以突破巨头垄断态势。

二、高端技术人才队伍供给不足

随着高技术产业的快速增长，特别是围绕移动互联网的新一代信息技术产业等拉动产值增长，企业发展所需的高层次专业技术人才严重短缺。同时，传统电子信息产业要实现智能化转型，也需要更多复合型人才和技能劳动者。与科技强国比较起来，我国科技人才匮乏仍然是制约行业发展的短板，尤其是缺乏顶尖基础研究人才和团队，缺乏能够心无旁骛、长期稳定深耕基础理论的基地和队伍。

第十一章　战略性新兴产业发展

第一节　2017 年战略性新兴产业结构调整的主要政策

2017 年是"十三五"的第二年，在政府出台的多项利好政策下，战略性新兴产业不断释放创新创业活力，促进产业结构优化，整个产业增速稳步提升。在 2016 年底国务院发布的《"十三五"国家战略性新兴产业发展规划》的引导下，新兴产业在 2017 年迎来新一轮发展浪潮。2017 年，我国战略性新兴产业发展取得显著成效。一是新一代信息技术、生物两大产业稳中有进；二是节能环保、新材料、新能源汽车产业实现高速发展；三是新能源、数字创意、高端装备制造业增长情况呈现两极分化的趋势。同时区域发展不平衡、创新水平仍显不足、政策措施尚待落实等问题仍然存在。因此，在未来的发展中需要认真分析形势，对应解决问题，支持战略性新兴产业平稳发展，并为"十三五"后几年经济发展提供持续动能。

一、节能环保产业相关政策

2017 年是我国节能环保产业发展硕果累累的一年。随着生态文明体制改革不断推进，"绿水青山就是金山银山"的理念深入人心，绿色发展、循环发展、低碳发展已经成为社会共识，大气、水、土壤污染防治行动计划全面推进。

党的十九大报告勾画了新时代我国生态文明建设的宏伟蓝图和实现美丽中国的战略路径，提出到 2035 年基本实现美丽中国目标，对生态文明建设和环境保护提出一系列新目标、新部署、新要求，进一步"推进绿色发展""壮大节能环保产业"成为全党全国的共识和抉择。可以说党的十九大报告是我国环保产业下一阶段利好政策的重要源泉。

自从 2016 年 11 月 24 日国务院印发《"十三五"生态环境保护规划》(国发〔2016〕65 号)① 以来,与环保产业有关的"十三五"规划陆续出台,为产业发展提供了方向指引。

2016 年 12 月 31 日,环境保护部发布《污染地块土壤环境管理办法(试行)》(环境保护部令第 42 号),于 2017 年 7 月 1 日起实施。《办法》明确了监管重点,突出了风险管控,明确了土地使用权人、土壤污染责任人、专业机构及第三方机构的责任,是土壤修复产业发展的重要依据。2017 年,全国土壤污染状况详查工作全面启动。

2017 年 1 月 5 日,根据国务院办公厅印发的《控制污染物排放许可制实施方案》和环境保护部发布的《排污许可证管理暂行规定》,排污许可证是企事业单位生产运行期排污行为的唯一行政许可,企事业单位须持证排污,一企一证。我国正加速构建以排污许可为基础的新型环境管理制度体系。新制度将明晰各方职责权利,强化监管,推动企业从被动治理转向主动防范,从而推动环保产业发展和新技术研发应用。

2017 年 2 月 22 日,环境保护部印发《国家环境保护"十三五"环境与健康工作规划》(环科技〔2017〕30 号)②,指出,"十三五"期间将继续坚持"立足风险管理是环境与健康工作的核心任务"理念,以推动环境管理向"污染物总量控制—环境质量管理—环境风险管理"三者统筹协调管理转型。"十三五"时期要重点做好以下工作:一是推进调查和检测;二是强化技术支撑,建立环境与健康基准、标准体系等;三是加大科研力度;四是加快制度建设;五是加强宣传教育。

2017 年 3 月 30 日,经国务院同意,国家发展改革委、住房和城乡建设部发布了《生活垃圾分类制度实施方案》。方案要求加快建立分类投放、分类收集、分类运输、分类处理的垃圾处理系统。到 2020 年底,在实施生活垃圾强制分类的城市,生活垃圾回收利用率达到 35% 以上。《方案》的实施,将对

---

① http://www.gov.cn/zhengce/content/2016–12/05/content_5143290.htm.

② http://www.zhb.gov.cn/gkml/hbb/bwj/201702/t20170228_397909.htm.

我国生活垃圾处理行业，以及居民生活方式产生重要而深远的影响。

2017年4月10日，环保部印发《国家环境保护标准"十三五"发展规划》（环科技〔2017〕49号），指出，"十三五"期间，我国将启动约300项环保标准制修订项目，以及20项解决环境质量标准、污染物排放（控制）标准制修订工作中有关达标判定、排放量核算等关键和共性问题项目，发布约800项环保标准。从《规划》可以看出，未来环保产业将进一步扩大发展空间和提升发展质量。

2017年7月27日，国务院办公厅正式印发《关于禁止洋垃圾入境推进固体废物进口管理制度改革实施方案》（国办发〔2017〕70号）[1]。根据《方案》，2017年底前，我国全面禁止进口环境危害大、群众反映强烈的固体废物；2019年底前，逐步停止进口国内资源可以替代的固体废物。逐步有序大幅减少固体废物进口的品种与数量。这将推动我国资源循环利用产业在固废回收体系建设、再生资源加工工艺等方面发生新的变革，从而使行业发展迈上新的高度。

2017年9月6日，财政部、国家税务总局等部门发出了《关于印发〈节能节水和环境保护专用设备企业所得税优惠目录（2017版）〉的通知》（财税〔2017〕71号）[2]，指出，税务部门在执行过程中，不能准确判定是否符合政策规定条件的，可提请地市级（含）以上发改、工信、环保等部门，由其委托专业机构出具技术鉴定意见，相关部门应积极配合。

2017年9月21日，中共中央办公厅、国务院办公厅正式印发《关于深化环境监测改革提高环境监测数据质量的意见》，提出到2020年，全面建立环境监测数据质量保障责任体系，确保环境监测机构和人员独立、公正开展工作，确保环境监测数据全面、准确、客观、真实，并首次明确提出地方党委和政府对防范和惩治环境监测数据弄虚作假负领导责任，明确了环保、质检以及各相关部门对相关环境监测机构负监管责任。

2017年9月25日，农业部发布《农用地土壤环境管理办法（试行）》

---

① http：//www. gov. cn/zhengce/content/2017－07/27/content_ 5213738. htm.
② http：//szs. mof. gov. cn/zhengwuxinxi/zhengcefabu/201709/t20170925_ 2710919. html.

142

（环境保护部令第 46 号）①，规定造成农用地土壤污染的单位或者个人应当承担农用地污染调查、监测、风险评估、风险管控或者治理与修复的责任；还规定需要对农用地土壤进行治理与修复的，污染责任人应当委托有能力的技术单位根据土壤污染调查和风险评估结果，编制农用地土壤污染治理与修复方案，并报当地环境保护等相关部门备案。

2017 年 10 月 17 日，工业和信息化部印发《关于加快推进环保装备制造业发展的指导意见》。《意见》提出要显著提升行业创新能力，在关键核心技术上取得新突破，主要技术装备基本达到国际先进水平，培育十家百亿规模龙头企业，打造千家"专精特新"中小企业，形成若干个带动效应强、特色鲜明的产业集群。

2017 年 12 月 28 日，工业和信息化部、科技部联合印发了《国家鼓励发展的重大环保技术装备目录（2017 年版）》②，共收录 146 项，包括研发类（27 项）、应用类（42 项）和推广类（77 项），涉及大气污染防治、水污染防治等环保技术装备。

二、新能源产业相关政策

2017 年，我国累计发布了多项新能源产业领域的重大政策，涉及新能源、可再生能源、光能、风能、生物质能、地热等多个细分领域。

细分领域的焦点集中在风电和光伏，生物质能和地热能关注度不断提升，不断有"十三五"专项规划出台。此外，新能源产业相关的试点、示范项目、重大工程数量也不少。新能源汽车、可再生能源建筑、工业节能与环保等相关政策也有一定占比，表明国家对新能源产业发展的大力扶持。

2016 年 12 月 30 日，国家能源局编制了《能源技术创新"十三五"规划》（国能科技〔2016〕397 号）③，分析了能源科技发展趋势，以深入推进能源技术革命为宗旨，明确了 2016 年至 2020 年能源新技术研究及应用的发

---

① http：//www. zhb. gov. cn/gkml/hbb/bl/201710/t20171009_ 423104. htm.

② http：//www. miit. gov. cn/n1146285/n1146352/n3054355/n3057542/n3057544/c5992309/content. html.

③ http：//zfxxgk. nea. gov. cn/auto83/201701/t20170113_ 2490. htm.

展目标。尤其是重点发展清洁能源技术，而在清洁能源当中，光伏技术是重中之重。

2017年1月23日，国家发改委、能源局、国土资源部联合发布《地热能开发利用"十三五"规划》（发改能源〔2017〕158号）[①]。《规划》阐述了地热能开发利用的指导方针和目标、重点任务、重大布局，以及《规划》落实的保障措施，是我国"十三五"期间地热能开发利用的基本依据。此外，《规划》还提出，在"十三五"时期，努力形成较为完善的地热开发利用管理体系和政策体系，掌握地热产业关键核心技术，形成比较完备的地热能开发利用设备制造、工程建设的标准体系和检测体系。

2017年1月18日，为引导全社会绿色消费，促进清洁能源消纳利用，进一步完善风电、光伏发电的补贴机制，国家能源局拟在全国范围内试行可再生能源绿色电力证书核发和自愿认购。国家能源局发布《关于试行可再生能源绿色电力证书核发及资源认购交易制度的通知》（发改能源〔2017〕132号）[②]。《通知》表示，根据市场认购情况，自2018年期适时启动可再生能演电力配额考核和绿色电力证书强制约束交易。

2017年2月10日，国家能源局研究制定了《2017年能源工作指导意见》（国能规划〔2017〕46号）。[③] 明确要大力发展太阳能，积极推进光伏、光热发电项目建设，精准实施光伏扶贫工程。这是在能源发展"十三五"规划的基础上针对各能源产业在2017年的发展目标和任务做了更详细的规划与指引。

2017年4月1日，国家能源局印发《2017年能源领域行业标准化工作要点》（国能综科技〔2017〕216号）[④]，指出，2017年需要做好以下工作：一是完善能源标准化管理制度；二是加强顶层设计和系统布局；三是强化重点领域标准制修订；四是提升能源标准国际化水平；五是进一步落实国家标准化改革重点工作；六是做好标准宣传贯彻和培训工作。与此同时，《工作要点》明确提出2017年能源重点领域重要技术标准研制及体系建设具体要求，

---

① http：//www.ndrc.gov.cn/zcfb/zcfbghwb/201702/t20170204_837204.html.
② http：//www.ndrc.gov.cn/gzdt/201702/t20170203_837121.html.
③ http：//zfxxgk.nea.gov.cn/auto82/201702/t20170217_2602.htm.
④ http：//zfxxgk.nea.gov.cn/auto83/201704/t20170410_2767.htm.

重点领域涵盖石油天然气领域、石油化工领域、核电领域、电力领域、电力装备领域、可再生能源领域和煤炭领域。

2017 年 5 月 12 日，国家发改委和国家能源局发布《关于印发〈依托能源工程推进燃气轮机创新发展的若干意见〉的通知》（发改能源〔2017〕920号）①，旨在推动燃机产业发展、优化调整能源结构、确保能源供应安全。《意见》确定发展目标，到 2020 年，结合引进技术消化吸收，突破重型燃气轮机设计技术、高温部件制造技术和运行维护技术，解决燃气发电项目设备瓶颈，国内基本形成完整的重型燃气轮机产业体系。

2017 年 5 月 16 日，财政部、住房和城乡建设部、环境保护部、国家能源局四部委联合发布《关于开展中央财政支持北方地区冬季清洁取暖试点工作的通知》（财建〔2017〕238 号）②。《通知》明确中央财政支持试点城市推进清洁方式取暖替代散煤燃烧取暖。试点工作重点支持京津冀及周边地区大气污染传输通道"2＋26"城市。同时鼓励地方政府创新体制机制、完善政策措施，引导企业和社会加大资金投入，实现试点地区散烧煤供暖全部"销号"和清洁替代，形成示范带动效应。《通知》表示试点示范期为三年，中央财政奖补资金标准根据城市规模分档确定，直辖市每年安排 10 亿元，省会城市每年安排 7 亿元，地级城市每年安排 5 亿元。

2017 年 5 月 19 日，工业和信息化部发布《太阳能光伏产业综合标准化技术体系》（工信厅科〔2017〕45 号）③，指出，到 2020 年，我国初步形成科学合理、技术先进、协调配套的光伏产业标准体系，基本实现光伏产业基础通用标准和重点标准的全覆盖，总体上满足光伏产业发展的需求。其中，光伏产业综合标准化技术体系框架主要包括基础通用、光伏制造设备、光伏材料、光伏电池和组件、光伏部件、光伏发电系统及光伏应用等 7 大方向，35 小类。此政策文件的发布全方位提升了标准对能源产业发展的指导、规范、引领和保障作用。

---

① http：//zfxxgk. ndrc. gov. cn/PublicItemView. aspx？ ItemID＝%7bcdd27ac8－1a62－46bb－90c8－a5078dca0335%7d

② http：//jjs. mof. gov. cn/zhengwuxinxi/zhengcefagui/201705/t20170519＿ 2604217. html.

③ http：//www. miit. gov. cn/n1146285/n1146352/n3054355/n3057497/n3057502/c5651644/content. html.

2017 年 7 月 18 日，国家能源局、工业和信息化部、国家认监委联合下发《关于提高主要光伏产品技术指标并加强监管的通知》（国能发新能〔2017〕32 号）①。对于光伏行业来说，由于补贴的存在，整个产业发展缺少市场优胜劣汰的过程。光伏产品技术指标提高后，技术实力落后的企业将更难达到准入门槛，而对于技术实力更加先进的企业来说，却是一个彰显自己竞争力的机会。这对于光伏市场的良好发展具有推进作用，使得光伏产业在补贴下调、"领跑者"计划等政策的引领之下，在降本增效的同时淘汰落后产能，增强光伏产业整体的竞争力。

2017 年 7 月 19 日，《国家能源局关于可再生能源发展"十三五"规划实施的指导意见》（国能发新能〔2017〕31 号）② 正式公布，山西大同二期等 10 个应用领跑基地和江西上饶等 3 个技术领跑基地进入名单。与此同时，《通知》还要求应用领跑基地应于 2018 年 6 月 30 日前全部开工建设，12 月 31 日前全部容量建成并网。

2017 年 9 月 22 日，国家能源局印发了《关于推进光伏发电"领跑者"计划实施和 2017 年领跑基地建设有关要求的通知》（国能发新能〔2017〕54 号）③。《通知》指出，光伏发电"领跑者"计划和基地建设以促进光伏发电技术进步、产业升级、市场应用和成本下降为目的，通过市场支持和试验示范，以点带面，加速技术成果向市场应用转化，以及落后技术、产能淘汰，实现 2020 年光伏发电用电侧平价上网目标。

三、新能源汽车产业相关政策

2017 年，国家累计出台了多项新能源汽车产业相关政策，涉及新能源汽车产业的方方面面，如宏观环境、财政补贴、基础设施、安全管理、技术研发、智联网等。其中，工业和信息化部出台的政策数量最多，国家发改委紧随其后，科技部、交通部、国家能源局等多个部委均有相关政策出台。

在诸多新能源汽车行业的政策中，《乘用车企业平均燃料消耗量与新能源

---

① http：//zfxxgk. nea. gov. cn/auto87/201708/t20170808_ 2840. htm.
② http：//zfxxgk. nea. gov. cn/auto87/201707/t20170728_ 2835. htm.
③ http：//zfxxgk. nea. gov. cn/auto87/201709/t20170922_ 2971. htm.

汽车积分并行管理办法》是 2017 年度最引人注目的一项政策，其决定了未来中国汽车产业和新能源汽车产业新格局，燃油车和新能源汽车步入前所未有的积分时代。

2017 年 9 月 28 日，工业和信息化部、财政部、商务部、海关总署、质检总局联合公布《乘用车企业平均燃料消耗量与新能源汽车积分并行管理办法》（工业和信息化部财政部商务部海关总署质检总局令第 44 号）①。"双积分"政策旨在促进节能环保与新能源汽车协同发展。工业和信息化部权威解读表示，在油耗积分合规带动下，各项节能技术普及率不断升高，以降低单车油耗；仅考虑满足新能源积分考核要求，截至 2020 年，行业可累计生产新能源乘用车达 380 万辆，考虑到新能源商用车稳步发展，即可实现行业 500 万辆新能源汽车规划目标。在政策要求下，传统能源与新能源汽车协同发展，可实现 2020 年 5.0L/100km 行业油耗目标；2018—2020 年政策实施期间，预计可累计减少 CO_2 排放 6000 万吨。此外，此项政策也促进中外汽车企业合作，作为长效机制推出的"双积分"政策，对我国市场内生产新能源汽车的外资品牌形成巨大压力，在政策的推动下，选择合资生产新能源汽车是不错的选择，如福特与众泰、北汽集团与戴姆勒等在政策初始就已着手抢占先机。

2017 年 1 月 16 日，工业和信息化部公布《新能源汽车生产企业及产品准入管理规定》（工信令〔2017〕第 39 号）②。《规定》从企业设计开发能力、生产能力、产品生产一致性保证能力、售后服务及产品安全保障能力等方面提高了准入门槛，并强化了安全监管要求，目的在于有效提高新能源汽车产品质量和安全水平。

2017 年 4 月 25 日，工业和信息化部、国家发改委、科技部三部委印发《汽车产业中长期发展规划》（工信部联装〔2017〕53 号）③。《规划》指明了未来 10 年我国汽车产业发展的方向，明确了任务，提供了保障。对于加快我国汽车产业转型升级、培育新动能、发展新经济，具有十分重要的指导意义。《规划》确定了"力争经过十年持续努力，迈入世界汽车强国行列"的总目

---

① http：//www. miit. gov. cn/n1146295/n1146592/n3917132/n4061919/n4061943/n4061946/n4061947/c5826834/content. html.

② http：//www. miit. gov. cn/n1146295/n1146557/n1146624/c5462995/content. html.

③ http：//www. miit. gov. cn/n1146295/n1652858/n1652930/n3757018/c5600356/content. html.

标；提出以新能源汽车和智能网联汽车为突破口，加速跨界融合，构建新型产业生态，带动产业转型升级，实现由大到强发展。具体到新能源汽车领域，阶段性目标是，到 2020 年，新能源汽车年产销达到 200 万辆，动力电池单体比能量达到 300 瓦时/公斤以上，力争实现 350 瓦时/公斤，系统比能量力争达到 260 瓦时/公斤，成本降至 1 元/瓦时以下。到 2025 年，新能源汽车占汽车产销 20% 以上，动力电池系统比能量达到 350 瓦时/公斤。

2017 年 3 月 8 日，国家发改委发布《企业投资项目核准和备案管理办法》（国发〔2017〕2 号）①，它是对《政府核准投资项目管理办法》的修订和补充，并同时废止了《政府核准投资项目管理办法》。新建纯电动乘用车资质申请要按照这个管理办法进行项目申报。

2017 年 6 月 28 日，国家发改委和商务部发布《外商投资产业指导目录（2017 年修订）》（国发〔2017〕5 号）②。修订内容涉及新能源汽车产业，其中带来最大影响的是解除纯电动汽车合资企业限制以及取消汽车电子和动力电池的股比限制。

2017 年 8 月 4 日，交通运输部、住房和城乡建设部公布《关于促进小微型客车租赁健康发展的指导意见》（交运发〔2017〕110 号）③。《指导意见》的出台意味着政府对"分时租赁"这一新生出行业态的认可，这将对分时租赁规模化发展产生促进作用。综合来看，《指导意见》门槛不高，运营企业普遍持积极态度，将有利于分时租赁行业健康发展。

四、生物医药产业相关政策

2016 年 12 月 20 日，国家发改委印发《"十三五"生物产业发展规划》（发改高技〔2016〕2665 号）④，为我国生物产业的后续发展方向和节奏定下了基调。《规划》提出，到 2020 年，生物产业规模将达到 8 万亿—10 万亿元，增加值占 GDP 比重超过 4%，相较于 2015 年时 3.5 万亿元的规模实现倍增；

---

① http：//www.ndrc.gov.cn/zcfb/zcfbl/201703/W020170322375599892028.pdf.
② http：//www.ndrc.gov.cn/zcfb/zcfbl/201706/W020170628553266458339.pdf.
③ http：//zizhan.mot.gov.cn/zfxxgk/bnssj/dlyss/201708/t20170807_2805227.html.
④ http：//www.ndrc.gov.cn/zcfb/zcfbghwb/201701/W020170112411581437678.pdf.

具体到医药产业，要求到 2020 年实现工业销售收入 4.5 万亿元，增加值占全国工业增加值的 3.6%。根据《规划》的内容，"十三五"期间，我国生物制药产业的重点在重大疾病化学药物、生物技术药物、新疫苗、新型细胞治疗制剂等多个创新药物品类。同时，构建生物医药新体系也是未来发展的聚焦点。

2017 年 3 月 13 日，国家食品药品监督管理总局发布《药品生产质量管理规范（2010 年修订)》生化药品附录（2017 年第 29 号)①，再一次强调了药品属性为"安全、有效、质量可控"，从而保障公众用药安全且有效，完善和规范药品生产工艺管理。

2017 年 5 月 24 日，为维护药械注册申请人的合法权益，规范和加强药械注册受理、技术审评、现场检查、注册检验、审评审批信息保密管理，国家食品药品监督管理总局发布《药品医疗器械审评审批信息保密管理办法》（食药监办法〔2017〕75 号)②。

2017 年 7 月 21 日，科技部印发《生物技术研究开发安全管理办法》（国科发社〔2017〕198 号)③。《管理办法》的出台是为了规范生物技术研究开发活动，增强从事生物技术研究开发活动的自然人、法人和其他组织的安全责任意识，避免出现直接或间接生物安全危害，促进和保障生物技术研究开发活动健康有序发展，有效维护生物安全。根据《管理办法》，生物技术研究开发安全管理实行分级管理。按照生物技术研究开发活动潜在风险程度，分为高风险等级、较高风险等级和一般风险等级。另外还规定，国务院科技主管部门负责全国生物技术研究开发安全指导，联合国务院有关主管部门共同开展生物技术研究开发安全管理有关工作，国务院有关主管部门在各自职责范围内负责生物技术研究开发安全监督管理，对发生的生物技术研究开发事故进行管理。

2017 年 11 月 15 日，国家食品药品监管总局和卫计委联合发布《医疗器械临床试验机构条件和备案管理办法》（2017 年第 145 号)④，鼓励经评估符

---

① http：//www. sda. gov. cn/WS01/CL0087/170815. html.

② http：//www. sda. gov. cn/WS01/CL0852/173396. html.

③ http：//www. most. gov. cn/mostinfo/xinxifenlei/fgzc/gfxwj/gfxwj2017/201707/t20170725_ 134231. htm.

④ http：//www. sda. gov. cn/WS01/CL1423/217367. html.

合条件的更多医疗机构参与医疗器械临床试验。这将有利于释放临床资源，扩大临床试验机构的数量，更好地满足医疗器械临床试验的需求。同时，也对鼓励医疗器械产品创新、促进医疗器械产业健康发展具有重要意义。

五、新一代信息技术产业相关政策

新一代信息技术已经成为当今世界创新最活跃、渗透性最强、影响力最深的产业，正在全球范围内引发新一轮的科技革命。现阶段我国新一代信息技术进入高速增长阶段，尤其是我国已然成为数字科技的应用大国。这得益于我国将新一代信息技术的发展上升为国家战略，相继出台了多项政策支持其发展。

为了适应通信建设行业发展需要，合理有效控制通信建设工程投资，规范通信建设工程计价行为。2016年12月30日，工业和信息化下发《关于印发〈信息通信建设工程预算定额、工程费用定额及工程概预算编制规程〉的通知》（工信部通信〔2016〕451号）[1]，形成了最新的定额与规范。

2017年1月24日，工业和信息化部印发《工业和信息化部关于进一步推进中小企业信息化的指导意见》（工信部企业〔2016〕445号），明确了物联网产业"十三五"的发展目标：完善技术创新体系，构建完善标准体系，推动物联网规模应用，完善公共服务体系，提升安全保障能力等具体任务。继续推进"互联网＋"小微企业创业创新培育行动，提高中小企业应用信息技术创业创新发展能力。

2017年3月30日，工业和信息化部印发《云计算发展三年行动计划（2017—2019年）》（工信部信软〔2017〕49号）[2]，提出到2019年，我国云计算产业规模达到4300亿元，突破一批核心关键技术，云计算服务能力达到国际先进水平，对新一代信息产业发展的带动效应显著增强。云计算数据中心布局得到优化，使用率和集约化水平显著提升，绿色节能水平不断提高，新建数据中心PUE值普遍优于1.4。发布云计算相关标准超过20项，形成较

---

[1] http：//www.miit.gov.cn/n1146285/n1146352/n3054355/n3057674/n3057688/n3057690/c5484466/content.html.

[2] http：//www.miit.gov.cn/n1146290/n4388791/c5570594/content.html.

为完整的云计算标准体系和第三方测评服务体系。另外还指出，未来云计算在制造、政务等领域应用水平应显著提升。

2017 年 6 月 16 日，工业和信息化办公厅印发《关于全面推进移动物联网（NB – IoT）建设发展的通知》（工信厅通信函〔2017〕351 号）①，提出到 2017 年末实现 NB – IoT 网络覆盖直辖市、省会城市等主要城市，基站规模达到 40 万基个，到 2020 年 NB – IoT 网络实现全国普遍覆盖，而在室内、交通路网、低下管网等应用场景实现深度覆盖，基站规模达 150 万个。

2017 年 7 月 20 日，国务院印发《新一代人工智能发展规划》（国发〔2017〕35 号）②，标志着我国正式将人工智能的发展提升到了国家战略层面。《规划》强调，当前我国国家安全和国际竞争形势更加复杂，必须放眼全球，把人工智能发展放在国家战略层面系统布局、主动谋划，牢牢把握人工智能发展新阶段国际竞争的战略主动，打造竞争新优势、开拓发展新空间，有效保障国家安全。

2017 年 8 月 11 日，工业和信息化部印发《工业控制系统信息安全防护能力评估工作管理方法》（工信部信软〔2017〕188 号）③，旨在规范工控安全防护能力评估工作，切实提升工控安全防护水平。《管理方法》是为了贯彻落实《国务院关于深化制造业与互联网融合发展的指导意见》，督促工业企业做好工业控制系统信息安全防护工作，同时也为了检验《工业控制系统信息安全防护指南》的实践效果。

2017 年 10 月 13 日，国务院办公厅发布《关于积极推进供应链创新与应用的指导意见》（国办发〔2017〕84 号）④，指出，供应链在我国工业、商贸、金融等领域加速融合和创新，重塑了企业内部与外部的供应链关系，推动我国产业转型升级，提升我国在全球价值链中的地位。《意见》是我国第一份由国务院办公厅发布的关于供应链创新应用的指导意见，肯定了供应链创新在我国的战略地位，也显示了我国对供应链创新的重视程度。《意见》指出，要着力构建符合我国国情的供应链发展新技术、新模式，到 2020 年基本

---

① http：//www. miit. gov. cn/n1146295/n1652858/n1652930/n3757020/c5692719/content. html.

② http：//www. gov. cn/zhengce/content/2017 – 07/20/content_ 5211996. htm.

③ http：//www. miit. gov. cn/n1146295/n1146592/n3917132/n4062056/c5760743/content. html.

④ http：//www. gov. cn/zhengce/content/2017 – 10/13/content_ 5231524. htm.

形成我国重点产业智慧供应链体系，培育100家左右的全球供应链领先企业；重点产业的供应链竞争力进入世界前列，中国成为全球供应链创新和应用的重要中心。

2017年11月15日，工业和信息化部发布《关于第五代移动通信系统使用3300—3600MHz和4800—5000MHz频段相关事宜的通知》（工信部无〔2017〕276号）①，指出为适应和促进第五代移动通信系统（简称5G系统）在我国的应用和发展，根据《中华人民共和国无线电频率划分规定》，结合我国频率使用的实际情况，拟在3300—3600MHz和4800—5000MHz两个频段上部署5G。

2017年11月27日，国务院发布《关于深化"互联网＋先进制造业"发函工业互联网的指导意见》，指出，要深入贯彻落实党的十九大精神，以全面支撑制造强国和网络强国建设为目标，围绕推动互联网和实体经济深度融合，聚焦发展智能、绿色的先进制造业，构建网络、平台、安全三大功能体系，增强工业互联网产业供给能力，持续提升我国工业互联网发展水平，深入推进"互联网＋"，形成实体经济与网络相互促进、同步提升的良好格局，有力推动现代化经济体系建设。此外，还表示支持扩大直接融资比重，支持符合条件的工业互联网企业在境内外各层次资本市场开展股权融资，积极推动项目收益债、可转债、企业债、公司债等在工业互联网领域的应用，引导各类投资基金等向工业互联网领域倾斜。

2017年12月14日，工业和信息化部发布《促进新一代人工智能产业发展三年行动计划（2018—2020年）》（工信部科〔2017〕315号）②，提出，通过实施四项重点任务，力争到2020年，一系列人工智能标志性产品取得重要突破，在若干重点领域形成国际竞争优势，人工智能和实体经济融合进一步深化，产业发展环境进一步优化。同时指出了四个方面的主要任务：一是重点培育和发展智能网联汽车、智能服务机器人、智能无人机、医疗影像辅助诊断系统、视频图像身份识别系统、智能语音交互系统、智能翻译系统、智能家居产品等智能化产品，推动智能产品在经济社会的集成应用；二是重点

---

① http：//www.miit.gov.cn/n1146295/n1652858/n1652930/n3757020/c5907905/content.html.
② http：//www.miit.gov.cn/n1146295/n1652858/n1652930/n3757016/c5960820/content.html.

发展智能传感器、神经网络芯片、开源开放平台等关键环节，夯实人工智能产业发展的软硬件基础；三是深化发展智能制造，鼓励新一代人工智能技术在工业领域各环节的探索应用，提升智能制造关键技术装备创新能力，培育推广智能制造新模式；四是构建行业训练资源库、标准测试及知识产权服务平台、智能化网络基础设施、网络安全保障等产业公共支撑体系，完善人工智能发展环境。

六、高端装备制造业相关政策

先进制造业特别是高端装备制造业已经成为国际竞争的制高点。为了支持我国高端装备制造业的强劲增长，我国制定了一系列的规划、行动计划、政策来推动其快速发展，同时也加快建设制造强国。

2017 年 1 月 12 日，工业和信息化部、国家发改委、财政部、中国人民银行、银监会、国防科工局六部委联合发布《船舶工业深化结构调整加快转型升级行动计划（2006—2020 年)》（工信部联装〔2016〕447 号)[1]，指出，到 2020 年，建成规模实力雄厚、创新能力强、质量效益好、结构优化的船舶工业体系，力争步入世界造船强国和海洋工程装备制造先进国家行列。

2017 年 1 月 10 日，为了贯彻落实《中国制造 2025》关于做强中国装备的总体要求，不断提高重大技术装备的创新水平，加快推进首台（套）推广应用，根据重大技术装备在 2016 年的发展情况，工业和信息化部印发《首台（套）重大技术装备推广应用指导目录（2016 年版）》（工信部装〔2017〕2号)[2]。其中包含清洁高效发电装备、轨道交通装备、大型环保及资源综合利用装备、民用航空装备、高技术船舶及海洋工程装备、电子及医疗专用装备等。

2017 年 8 月 4 日，为了加快民航空管产业"走出去"步伐，提升我国空管装备制造业国际化水平，促进境外投资合作发挥作用，民航局发布《民航局关于推进国产民航空管产业走出去的指导意见》，明确了推进民航空管产业

---

[1] http：//www. miit. gov. cn/n1146295/n1652858/n1652930/n3757018/c5459940/content. html.

[2] http：//www. miit. gov. cn/n1146285/n1146352/n3054355/n3057585/n3057590/c5457458/content. html.

"走出去"的指导思想、基本原则和总体目标，并从加大政策支持力度、完善法规标准体系、加强区域性合作、提高企业"走出去"能力和水平等四个方面提出了具体意见。

2017年10月31日，工业和信息化部印发《高端智能再制造行动计划（2018—2020年）》（工信部节〔2017〕265号）①，提出未来三年，我国将聚焦医疗影像设备、重型机床及油气田装备等关键领域，以及增材制造、特种材料、智能加工、无损检测等绿色基础共性技术在再制造领域的应用，进一步促进再制造产业不断发展壮大。另外，为确保《计划》顺利实施，未来三年将有一系列相关工作围绕展开，如加强高端智能再制造关键技术创新与产业化应用；推动智能化再制造装备研发与产业化应用；实施高端智能再制造示范工程；培育高端智能再制造产业协同体系；加快高端智能再制造标准研制构建高端智能再制造金融服务新模式等。

2017年11月27日，工业和信息化部、国家发改委、科技部、财政部等八部委联合发布《海洋工程装备制造业持续健康发展行动计划（2017—2020年）》（工信联装〔2017〕298号）②。海洋工程装备是《中国制造2025》确定的重点领域之一。为引导行业把握机遇、应对挑战，加快提升产业发展质量和持续发展能力，制定了《行动计划》。旨在注重发挥企业主体作用、注重聚焦政策着力点、注重以发展为导向，兼顾当前和长远发展。

七、新材料产业相关政策

2016年12月30日，工信部等四部委联合印发《新材料产业发展指南》（工信部联规〔2016〕454号）③，确定了今后一个时期我国新材料产业发展的总体思路和发展方向，布置了新材料领域的重点发展任务和保障措施。该指南是《中国制造2025》"1＋X"战略中的一环，对于发展新材料产业具有重要作用，确立了若干有利于提升我国新材料产业竞争力和技术水平的政策

---

① http：//www.miit.gov.cn/newweb/n1146285/n1146352/n3054355/n3057542/n3057555/c5900275/content.html.

② http：//www.miit.gov.cn/n1146290/n4388791/c6003388/content.html.

③ http：//www.miit.gov.cn/n1146295/n1652858/n1652930/n3757016/c5473570/content.html.

措施。

《指南》提出了三大重点发展方向，分别是先进基础材料、关键战略材料、前沿新材料。确定这样的分类有利于针对处于不同发展阶段的新材料设置不同的产业政策，精准施策，更有效地解决特定材料面对的特定问题。《指南》提出"新材料保障水平提升工程"，将《中国制造 2025》中的重点领域和节能环保这一重要战略性新兴产业中急需的新材料品种作为重点研发和保障对象。《指南》确定要强化新材料协同创新体系建设，以系统性解决我国新材料整体创新能力不强的问题。整合创新资源和创新力量，加强科技成果工业化转化，完善新材料创新链条中的薄弱环节。《指南》中确定的九大重点任务，全面覆盖了新材料产业各个关键环节，是新材料产业领域的一个重要政策文件。

2017 年 7 月 14 日，《重点新材料首批次应用示范指导目录（2017 年版）》（工信部原〔2017〕168 号）① 发布，是为贯彻落实《新材料产业发展指南》要求，配合由工业和信息化部、财政部等部委建立重点新材料首批次应用保险补偿机制——新材料首批次示范推广工程。新材料首批次示范推广借鉴了重大装备"首台套"政策的成功经验，利用保险的力量和市场化手段，助力新材料突破市场瓶颈，激活和释放下游需求。此目录中有先进钢铁材料、先进有色金属材料、石墨烯薄膜等三大类十小类新材料。

2018 年 1 月 16 日，工业和信息化部、财政部两部委联合发布《国家新材料生产应用示范平台建设方案、国家新材料测试评价平台建设方案》（工信部联原〔2017〕331 号）②。新材料可以应用在不同产业链环节，同时新材料的技术突破也需要产业链上下游通力合作，国家新材料生产应用示范平台就是在以前上下游合作机制的经验基础上，选择若干重点领域建设的。应用示范平台将作为对接材料生产和应用的一个重要环节，由上下游企业共同投入资金和资源，联合攻关共性问题，以实现材料与终端产品同步设计、系统验证、批量应用与供货等多环节协同促进。新材料测试评价平台则是针对测试方面面临的问题，通过构建新材料测试评价体系，解决新材料测试评价的瓶颈和

---

① http：//www. miit. gov. cn/n1146295/n1652858/n1652930/n4509627/c5794662/content. html.

② http：//www. miit. gov. cn/n1146290/n4388791/c6014262/content. html.

短板，提升我国新材料产业测试评价能力和水平。

八、数字创意产业相关政策

2016 年底国务院正式发布的《"十三五"国家战略性新兴产业发展规划》中，首次将数字创意产业纳入到国家战略性新兴产业发展规划中。2017 年，数字创意产业继续保持热度，政府出台了政策文件推动产业健康快速发展。

知识产权保护环境的不断优化、数字化支付方式的习惯养成，都进一步释放着数字文化产品的消费潜力和市场价值。互联网技术和数字化的快速发展和不断普及，传统文化产业也搭上数字化的列车，转型升级，数字文化产业与新科技深度融合，如雨后春笋般涌现出数字文化产业相关的新业态和新模式。2017 年 4 月 11 日，文化和旅游部发布《关于推动数字文化产业创新发展的指导意见》（文产发〔2017〕8 号）[1]，明确指出，到 2020 年，数字创意产业将成为我国产值规模达 8 万亿元级的新支柱产业之一。推动数字文化产业创新发展，是在文化产业领域践行新发展理念、推进供给侧结构性改革、培育形成新供给新动力的重要举措。

在当前文化创作生产和消费形态愈加数字化、网络化的形势下，出台《指导意见》，有利于推进供给侧结构性改革，加速产业优化升级，提高文化产业供给水平、优化供给结构；有利于扩大文化消费、满足人民群众不断增长的消费新需求，为文化产业的发展注入新的活力；有利于推动文化与国民经济其他各部分融合发展、大力推进"文化 +"，提升中华文化在互联网科技时代的竞争力和全球影响力。

除了数字创意产业之外，工业文化也成为热门。2017 年 1 月 6 日，工业和信息化部、财政部联合印发《关于推进工业文化发展的指导意见》（工信部联产业〔2016〕446 号）[2]，提出将着力发展工业文化。以推进实施《中国制造 2025》为主线，大力弘扬中国工业精神，夯实工业文化发展基础，不断壮大工业文化产业，培育有中国特色的工业文化，提升国家工业形象和全民工业文化素养，推动工业大国向工业强国改变。

---

[1]　http：//zwgk. mcprc. gov. cn/auto255/201704/t20170424_ 493319. html.

[2]　http：//www. miit. gov. cn/n1146295/n1652858/n1652930/n3757016/c5454801/content. html.

2017 年 5 月 7 日，中共中央办公厅、国务院办公厅发布《"十三五"时期文化发展改革规划》①，指出，"十三五"时期是全面建成小康社会决胜阶段，也是促进文化繁荣发展关键时期。要牢牢把握文化发展改革的指导思想，把新发展理念贯穿于文化发展改革全过程。其中提到，现代传播体系逐步建立，互联网与文化产业日益紧密结合，传统媒体与新兴媒体融合发展取得阶段性成果，形成一批新型主流媒体和主流媒体集团，网络文化的发展要趋向于网络空间更加清朗，社会舆论积极向上。

2017 年 4 月 26 日，文化部编制了《"十三五"时期文化科技创新规划》旨在科技创新引领文化发展。《规划》指出，科技在公共文化服务中的作用日益显著，"十三五"时期要完成协同创新、研发攻关、成果应用、区域统筹和人才培养五大任务，重点培育文化创新、文化科技重点研发、文化大数据、文化装备系统提升、文化标准化和文化科技成果转化六大重点工程，促进文化产业发展。

2017 年 1 月 5 日，文化和旅游部发布《"一带一路"文化发展行动计划(2016—2020 年)》（文外发〔2016〕40 号）②。作为由中国首倡、高层推动的国家战略，"一带一路"对我国的现代化建设和屹立于世界的领导地位具有深远的战略意义，为沿线国家优势互补、开放发展开启了新的机遇之窗。"带路"畅想、文化先行，文化交流是推进沿线国家民心相通和"一带一路"倡议实施的重要途径。《"一带一路"文化发展行动计划（2016—2020 年)》，从健全机制建设、促进贸易合作、打造文化品牌等五大方面为"一带一路"文化建设工作的深入开展绘制了路线图。

第二节　2017 年战略性新兴产业发展的基本情况

2016 年底，国务院正式公布《"十三五"国家战略性新兴产业发展规划》，在我国经济发展进入新常态的大背景下，2017 年，战略性新兴产业增速

---

① http：//www. gov. cn/zhengce/2017 – 05/07/content_ 5191604. htm.

② http：//zwgk. mcprc. gov. cn/auto255/201701/t20170113_ 477591. html.

稳步回升，产业结构不断优化，产业投资不断升温，产业创新不断涌现，成为支撑宏观经济平稳运行的重要力量之一。

一、产业增速稳步回升

2017 年，战略性新兴产业加快成长。全年规模以上工业战略性新兴产业增加值比 2016 年增长 11.0%，增速较 2016 年提高 0.5 个百分点，高于规模以上工业 4.4 个百分点。高技术制造业增加值增长 13.4%，占规模以上工业增加值的比重为 12.7%。新能源汽车行业，全年新能源汽车产量 69 万辆，较 2016 年全年增长 51.2%。高端装备制造业中，智能电视和工业机器人产量分别为 9666 万台和 13 万台（套），增长率为 3.8% 和 81.0%；民用无人机产量 290 万架，较 2016 年增长显著，达到 67.0%。除此之外，城市轨道车辆、锂离子电池、太阳能电池等新兴工业产品产量分别增长 40.1%、31.3%、30.6%，均呈现高速增长态势。

二、产业创新层出不穷

随着创新驱动发展战略不断推进，新一代信息技术如量子通信等、高端装备制造业如载人航天装备、载人深潜装备等不断取得重大突破，创新引领战略性新兴产业发展作用更加显著。此外，"大众创业、万众创新"火热开展，以新产业新业态新模式为代表的新兴动能茁壮成长。人工智能、大数据、物联网等新一代信息技术逐步普及，推动"无人零售"新业态兴起。2017年，移动终端、数字消费、线上支付等新技术日益成熟，有效带动了平台经济、智能经济、共享经济的发展。

三、产业结构不断优化

新能源汽车"双积分"政策的开展，促进新能源汽车企业加大创新投入、提升产品质量。同时根据《乘用车企业平均燃料消耗量与新能源汽车积分并行管理办法》，2018—2020 年，乘用车企业新能源汽车积分比例要求分别为8%、10%、12%，此外对根据新能源汽车单位积分依据续航里程分段管理，提高了对新能源汽车的续航要求。在清洁能源领域，光伏"领跑者"计划的实施大幅度推动了效率提升。药品审评审批制度改革推动生物产业加速发展，鼓励创新产品产业化。

第三节　面临的问题与挑战

一、核心技术竞争力不够，技术创新共生体系尚需完善

战略性新兴产业的特征是新科技与新产业的融合，核心竞争力是掌握产业链中的关键技术。但我国目前大部分战略性新兴产业企业未能掌握核心技术，研发能力和创新能力仍然不够，使得部分企业徘徊在产业链的中低端。同时科技成果转化率也不高，阻碍了先进技术在全社会生产中的推广和应用，其效益没有得到应有的发挥。

战略性新兴产业发展依赖于高新技术创新，这需要多方面技术共生因素的相互作用，和整个产业链的技术突破与联动发展。目前全国各地创新资源的整合能力仍然不够，技术共生创新体系还不完善，一是缺乏平台为技术共生建立联系和通道；二是政策支撑不够，缺乏一些相关的标准和检测体系。

二、金融创新不足，企业融资困难

金融服务对新兴产业发展的支撑力不足。战略性新兴产业是高技术、高投资、高风险的产业，特别需要资本市场的支撑。但技术的不确定性、市场的不确定性、投资回报的不确定性使得融资过程潜在巨大风险，造成企业融资困难，也不利于激发企业创新投资的积极性，制约了新兴产业的发展。

科技成果的转化和产业化也离不开金融的支持。目前各地尚未形成科技与金融结合的优势。投资有参与新兴技术产业化项目的积极性，但在资金投入和退出方面尚未形成有效机制，创投资金在各地高新技术成果转化中的作用尚未充分发挥。

三、产业所需人才储备不足，缺乏人才配套政策

高素质的工程科技人才是发展战略性新兴产业的生力军，强力发挥政产学研的联合效应，以战略高新技术为目标，引进、培养战略性新兴产业的工程科技人才，围绕新兴产业发展重点领域，创新平台建设和重大项目实施，吸引和培育聚集一批高层次的创新创业人才，为引领战略性新兴产业发展奠定基础。

尽管各地通过"海外高层次人才引进计划"（简称"千人计划"）和本地的人才引进计划（如北京的"海聚工程"）等人才发展重大工程，引入了大量海外高层次人才，但具体实践中还存在一些问题：由于国外对高端人才的保护等原因，真正世界顶尖的科学家往往很难引入进来；引入人才同本土人才待遇等方面的差距，使二者之间的关系难以平衡导致矛盾突出等。尽管国务院和各地的发展战略性新兴产业的规划已经出台了很久，但与之配套的整体人才策略目前还处于缺失状态。

第十二章　工业设计服务业发展

2017 年是工业设计产业持续蓬勃发展的一年。在社会各界的共同努力下，总的来看，工业设计产业呈现出良好的发展态势，各方面都取得不错的成绩。在供给侧结构性改革的大背景下，在助力制造业转型升级，服务社会经济方面发挥了重要作用。设计思维在稳增长、促改革、调结构、惠民生、防风险等方便都起到了重要作用。

第一节　2017 年工业设计产业的主要政策

2017 年是推动工业设计产业向纵深方向发展的一年。在本年度中，从党中央、国务院层面，到行业部门层面，再到各省市主管部门层面，所出台政策多为落实、细化和执行性政策及举措，从扩大认知、应用推广、注入资金、财税支持、引智育智、对外交流等各个层面发力，全力支持工业设计产业发展。

一、国家出台的相关政策

为全面支撑制造强国和网络强国建设，推动互联网和实体经济深度融合，2017 年 11 月 28 日，国务院印发了《关于深化"互联网 + 先进制造业"发展工业互联网的指导意见》。《意见》坚持遵循规律、创新驱动，市场主导、政府引导，开放发展、安全可靠，系统谋划、统筹推进等原则，提出了夯实网络基础，打造平台体系，加强产业支撑，促进融合应用，完善生态体系，强化安全保障，推动开放合作等重点任务。在工业设计发展方面，《意见》提出，要"强化工业互联网平台的资源集聚能力，有效整合产品设计、生产工艺、设备运行、运营管理等数据资源，汇聚共享设计能力、生产能力、软件资源、知识模型等制造资源"。"鼓励企业通过工业互联网平台整合资源，构建设计、生产与供应链资源有效组织的协同制造体系，开展用户个性需求与产品设计、生产制造精准对接的规模化定制，推动面向质量追溯、设备健康管理、产品增值服务的服务化转型"。"引导中小企业开放专业知识、设计创意、制造能力，依托工业互联网平台开展供需对接、集成供应链、产业电商、众包众筹等创新型应用，提升社会制造资源配置效率"。①

为加快供应链创新与应用，促进产业组织方式、商业模式和政府治理方式创新，推进供给侧结构性改革，2017 年 10 月 13 日，国务院办公厅印发了《关于积极推进供应链创新与应用的指导意见》。《意见》提出，到 2020 年，形成一批适合我国国情的供应链发展新技术和新模式，基本形成覆盖我国重点产业的智慧供应链体系。供应链在促进降本增效、供需匹配和产业升级中的作用显著增强，成为供给侧结构性改革的重要支撑。培育 100 家左右的全球供应链领先企业，重点产业的供应链竞争力进入世界前列，中国成为全球供应链创新与应用的重要中心。在促进设计产业发展方面，意见提出，推动制造企业应用精益供应链等管理技术，完善从研发设计、生产制造到售后服务的全链条供应链体系。鼓励相关企业向供应链上游拓展协同研发、众包设计、解决方案等专业服务，向供应链下游延伸远程诊断、维护检修、仓储物流、技术培训、融资租赁、消费信贷等增值服务，推动制造供应链向产业服务供应链转型，提升制造产业价值链。②

促进我国海洋工程装备制造业持续健康发展，提升国际竞争能力，2018年 1 月 4 日，工业和信息化部联合国家发展改革委、科技部、财政部、中国人民银行、国资委、银监会、海洋局等部门印发了《海洋工程装备制造业持续健康发展行动计划（2017—2020 年）》（工信部联装〔2017〕298 号）。在促进设计产业发展方面，《计划》提出，提升高端装备研发设计水平。掌握高端装备设计关键技术，开发若干具备全球领先水平的适合深水和超深水、极

---

① http：//www.gov.cn/zhengce/content/2017 – 11/27/content_ 5242582. htm.
② http：//www.gov.cn/zhengce/content/2017 – 10/13/content_ 5231524. htm.

地、高温高压环境的钻井装备和特种作业船，具备概念设计、基本设计能力。突破深水和超深水大型浮式生产储卸装置（FPSO）、深水半潜式生产平台、大型液化天然气浮式生产储卸装置（LNG FPSO）及上部模块等生产平台设计建造核心关键技术，形成前端工程设计和总装总成能力。①

为贯彻落实《中国制造2025》，推进我国增材制造产业快速可持续发展，加快培育制造业发展新动能，工业和信息化部、国家发展改革委、教育部、公安部、财政部、商务部、文化部、卫生计生委、海关总署、国家质检总局、知识产权局联合制定了《增材制造产业发展行动计划（2017—2020年）》（工信部联装〔2017〕311号）。在提升设计水平和能力方面，《行动计划》提出了健全设计、材料、装备、工艺、应用等环节核心技术体系，推动技术成果转化和推广应用的原则。同时，在重点任务领域，《行动计划》提出，重点突破高性能材料研发与制备、产品设计优化、高质量高稳定性增材制造装备、高效复合增材制造工艺、微纳结构增材制造等关键共性技术；鼓励企业在重点应用领域提供契合用户需求的前期设计、产品供应、运营维护、检测认证等综合解决方案；以直接制造为主要战略取向，兼顾原型设计和模具开发应用，推动增材制造在重点制造、医疗、文化创意、创新教育等领域规模化应用。②

二、地方出台的相关政策

为进一步提升工业设计发展水平，发挥其在提升企业自主创新能力和国际竞争力、改造提升传统产业和培育发展新兴产业中的支撑引领作用，2017年10月19日，浙江省人民政府办公厅印发了《关于进一步提升工业设计发展水平的意见》（浙政办发〔2017〕105号）。《意见》以工业设计与其他产业的"五个结合"为基本原则，即坚持工业设计与传统产业相结合，坚持工业设计与新材料、新技术相结合，坚持工业设计与互联网相结合，坚持工业设计与服务型制造相结合，坚持工业设计与文化相结合，以工

---

① http：//www.gov.cn/xinwen/2018－01/05/content_5253494.htm.

② http：//www.miit.gov.cn/n1146285/n1146352/n3054355/n3057585/n3057590/c5956795/content.html.

业设计为引领，促进相关产业不断发展。① 在推动工业设计发展的主要任务方面，《意见》提出了增强工业设计创新能力，提升工业设计集聚水平，提升工业设计产业层次，提升工业设计服务质量，提升工业设计国际化水平，提升工业设计成果转化率，提升工业设计人才队伍素质等任务，力图在各个层面实现突破。

河北省拥有较好的制造业基础，对工业设计的需求较大。2017 年 10 月 16 日，河北省人民政府印发了《关于支持工业设计发展的若干政策措施》（冀政字〔2017〕36 号）。文件明确了扩大工业设计服务供给、激发工业设计市场需求、加强产业产品设计创新、打造工业设计品牌活动、强化工业设计发展支撑五个重点方向。值得注意的是，在具体支持措施中，大多数措施都有具体的资金支持。如对成立两年以上、服务企业 50 家以上，经评估达到省级工业设计示范企业标准的，省政府奖励 100 万元。对在河北省正式注册且正常运营一年以上、第三方评估认定的知名设计机构（公司）分支机构、知名设计大师工作室，省政府分别给予 200 万元、100 万元一次性运营补贴。对设立两年以上、设计产品已取得显著经济效益，经评估认定达到省级工业设计中心标准的，省政府奖励 100 万元；达到国家级工业设计中心标准的，再奖励 100 万元。在税收优惠政策方面，对经认定取得高新技术企业资格的工业设计企业，减按 15% 的税率征收企业所得税。工业设计企业发生的职工教育经费支出，不超过工资薪金总额 8% 的部分，准予在计算应纳税所得额时扣除。工业设计企业提供技术转让、设计开发和与之相关的技术咨询、技术服务所得收入，免征增值税。企业发生的符合条件的工业设计费用，执行税前加计扣除政策。②

2017 年 8 月 7 日，山东省经济和信息化委、省财政厅印发了《关于推进山东省工业文化发展实施意见》。《意见》提出，以培养勇于创新、崇尚实业、专注本业、诚信守信为特色的山东工业文化为根本任务，充分发挥工业文化在建设制造业强省中的柔性支撑作用，整合全省政策资源和社会资源，加快山东工业新旧动能转换。在推动工业设计产业发展方面，《意见》提出，推动

---

① http：//www. zj. gov. cn/art/2017/10/25/art_ 32432_ 294671. html.

② http：//info. hebei. gov. cn/hbszfxxgk/329975/329982/6755006/index. html.

工业设计创新发展。聚焦新技术、新产业,推进产业智慧化、智慧产业化。发挥工业设计引领作用,推动工业设计从产品设计向高端综合设计服务转变。鼓励企业工业设计中心与设计机构协同发展,壮大工业设计产业。定期开展"省长杯"工业设计大赛。加强国家级、省级工业设计中心建设。通过培育省级以上工业设计中心和举办工业设计大赛,努力打造开放共享、专业高效的工业设计氛围,促进山东省工业设计水平再上新台阶。①

为加快江西省工业设计产业发展,培育新经济新业态,提高企业自主创新能力,促进设计成果转化应用,推动产业转型升级,2017 年 9 月 28 日,江西省人民政府办公厅印发了《关于加快工业设计产业发展的实施意见》(赣府厅发〔2017〕80 号)。在推动本省工业设计发展的目标方面,《意见》提出,到 2020 年,全省工业设计产业体系初步形成,先导产业作用进一步强化。建立 50 家左右省级工业设计中心,培育 5 家以上省级工业设计示范基地,形成一批在国内具有较高知名度和影响力的专业设计机构,培养一批设计创新能力强的优秀设计人才,取得一批代表国内先进水平、产业化效果好的工业设计成果。重点任务方面,《意见》主要围绕做大做强工业设计主体、构建工业设计示范基地、繁荣工业设计服务市场、强化设计人才队伍建设、优化工业设计发展环境等五个方面进行支持。②

2018 年广东省政府工作报告明确了 2018 年重点要抓的十个方面的工作,首先就是加快建设制造强省。报告指出,要把发展经济的着力点放在关于制造业为根基的实体经济,要实施智能制造示范工程,开展机器人产业发展专项行动,全年新增应用机器人 2 万台左右。实施工业互联网创新发展战略。2018 年,广东还要加快建设金融强省。大力发展工业设计,打造珠三角工业设计走廊,以珠三角为重点启动建设人工智能产业集聚区。③

---

① http://www.bzeic.gov.cn/nsjg/cyzc/zcjd/2017-08-17/2062.html.

② http://xxgk.jiangxi.gov.cn/bmgkxx/sbgt/fgwj/gfxwj/201709/t20170928_1398140.htm.

③ http://www.sohu.com/a/218862517_100007928.

第二节 2017 年工业设计产业发展的主要情况

一、取得的主要成绩

（一）产业规模持续扩大

工业设计因其独特的创新驱动力，被业界誉为工业发展"魔方"，在推动我国制造业升级的同时，自身也在加速成长壮大。数据显示，几年来，建有工业设计中心的制造企业总数已超过 6000 家，规模以上专业工业设计公司约 8000 家，设计创意类园区突破 1000 家，全国设计服务收入增长率超过 10%，设计成果转化产值增长率约达 25%。[①] 在供给侧结构性改革和消费升级的背景下，工业设计的作用将越发凸显。申万宏源调研报告预测，2018 年我国工业设计市场规模将达 1556 亿元，工业设计有望进入规模化高速增长阶段。

（二）与相关产业融合水平提升

一批代表和体现有中国特色的工业设计产品正在不断推向公众视野。长征系列火箭、神舟飞船、C919 大飞机、高铁、"蛟龙号"深海探测器、FAST 大型望远镜、国产航母等大国重器，体现了设计创新与科技创新、商业创新一起，成为经济社会新时代的创新模式。工业设计不再仅仅停留在设计领域，而是与原材料、装备、消费品等制造领域，与新一代信息技术、互联网等通信领域渗透融合，在推动这些领域的相关产业转型升级的同时，自身也在不断地完成迭代和进化。

（三）创新引领作用不断增强

创新是工业设计的内在属性，工业设计产业的不断发展壮大与创新能力和活跃度密切相关。2017 年 6 月 15 日，"2017 年全球创新指数"在瑞士日内瓦发布，中国继 2016 年首次跻身 25 强之后，又提升 3 名，排名第 22 位。在

---

① 数据来源：中国工业设计协会。

创新质量上，中国排名第 16 位，已连续 5 年成为中等收入国家创新排行的"领头羊"，与高收入经济体的差距进一步缩小。[①] 在单项创新指标上，中国的表现也十分抢眼。在国内市场体量、知识型员工、原创专利、高技术出口，以及原创工业设计等单项指标方面，中国都排名第一。尤其是原创工业设计单项指标的排名，更加充分说明了我国自主创新能力已经处于世界先进梯队，而且正在向世界领先水平迈进。

（四）产业标准化程度进一步提升

设计标准是指工业设计条件下以先进、有效、同时适合工业化生产方式、可以理解并可能检测实行，并能体现环保原则与市场价值的人性化指标及性能指标的设计规范及评价准则。在工业设计蓬勃发展的同时，设计标准等基础性工作也在扎实地向前推进。中国工业设计协会第五届理事会第一次常务理事会议批准筹建设计标准分会。设计标准分会旨在聚集全球致力于设计标准研究、推广的专业机构、院校、产业等力量，共同探讨设计标准在设计产业发展中的重要价值以及推动设计标准发展的技术路径。[②]

（五）交流合作日益增多

各省市为促进本地区工业设计发展，纷纷举办了内容丰富、形式多样的交流活动，推动工业设计交流与合作。工业设计展览、工业设计大赛、工业设计论坛、工业设计研修班等在深化工业设计合作和交流方面发挥了重要作用。德稻等工业设计培训机构带来了工业设计大师资源，中芬设计园、中德工业设计中心等设计机构的运营，将以先进制造业为带动，推动工业设计在企业创新升级中的核心引领作用，重点开展以产业升级为核心的工业设计创新，开展智库咨询、新产品新产业孵化、产业协同、创新链整合、人才培养、知识产权、创新理论研究、重大关键领域和高新项目设计创新攻关等重要工作，助推新旧动能转换。

---

① http：//news. china. com/news100/11038989/20170616/30748205. html.

② http：//www. sohu. com/a/207289909_ 283830.

二、存在的问题和不足

（一）市场需求尚未充分激活

部分制造企业设计创新意识和能力不足，不能有效利用工业设计手段对产品竞争力进行提升，大多还以产品加工代工为主，产品附加值和经济效益普遍不高，在全国产业分工体系中处于较低水平。工业设计产业化程度相对较低，基本上是企业为自身产业发展而进行研发服务的单打独斗，没有形成独具特色、有较强竞争力的体系化发展模式。工业设计的产学研结合成效还不够显著，业界普遍存在各顾一摊、各说各话的情形，工业设计的层级壁垒还有待进一步打通和破除。

（二）创新成果显示能力不足

经过多年的发展，我国工业设计机构已经初具规模，但是在国内外都具有一定影响力的机构不多，工业设计力量整合集聚度不高。在国内外各种设计赛事中获奖的作品也不在少数，但具有标志性意义或行业颠覆性的设计成果不多，集成创新的力度不够。设计成果转移转化的全套服务体系不够完备。将工业设计与现代信息技术产业有效融合也成为摆在行业面前的一道难题。

（三）基础体系有待进一步建设

目前工业设计企业未实施认定或备案制度，对本地区设计企业数量、规模、效益等尚无法进行系统统计分析；我国现行会计制度对企业内部工业设计与技术开发的财务统计没有进行区分，工业设计对产品价值提升的衡量不够完善。就整个工业设计行业而言，知识产权意识还有待进一步提升，产品或设计模仿抄袭现象层出不穷，制度性的惩罚措施较少，力度较小，维权成本较高，多数设计机构知识产权部分缺失，也减弱了知识产权的保障力度。

展望篇

第十三章 2018 年产业结构调整展望

第一节 2018 年企业兼并重组展望及政策建议

一、企业兼并重组展望

2018 年总体延续企业兼并重组政策，并在以下领域加大推进力度：一是推进国资国企改革。继续推进国有企业优化重组和央企股份制改革，加快形成有效制衡的法人治理结构和灵活高效的市场化经营机制，提升主业核心竞争力，推动国有资本做强做优做大。稳妥推进混合所有制改革。二是支持民营企业发展。全面落实支持非公有制经济发展的政策措施。三是继续破除无效供给。加大"僵尸企业"破产清算和重整力度。四是推进"一带一路"国际合作。

上述工作部署，将有力支持企业兼并重组和海外并购，推动企业提质增效，提升国际竞争力，争取有更多的中国企业跻身世界 500 强。

二、政策措施建议

培育世界级跨国工业企业。以国有及国有控股工业企业、世界 500 强工业企业和大中型上市公司为骨干，聚焦国民经济重点领域、战略性新兴产业和国际战略必争领域，加快重点产业领域规模化、体系化、高端化发展，大力培育具有国际竞争力的本土跨国企业和专精特新的中小企业，打造世界级产业集群，形成骨干企业领军、中小企业配套协同发展的世界级跨国工业体系。

加快推进国资国企改革。全面落实深化国有企业改革各项部署。合理划分国有企业类别，分类推进改革和监管考核。完善现代企业制度，推进公司制股份制改革，优化公司治理结构，进一步破除各种形式的垄断，加大力度取消对非公有制经济的不合理限制。完善国有资产管理体制，有序发展混合所有制经济，在战略性新兴产业等领域国有企业中率先进行混合所有制改革试点示范。

全方位提高资源配置效率。围绕政策改革创新，以提升资源配置效率为核心，创新配置方式。充分利用政府职能转变和"放管服"改革机遇，从广度和深度上全方位推进市场化改革，使市场在资源配置中起决定性作用，大幅度减少政府对资源的直接配置，更好发挥政府引导、规划、协调作用，更多引入市场机制和市场化手段，推动企业提高资源配置效率和效益。

第二节　2018 年产业技术升级展望及政策建议

一、产业技术升级的主要趋势

（一）互联网、大数据、人工智能与制造业深度融合

2018 年，将继续深入实施工业互联网创新发展战略，大力推进制造业数字化网络化智能化，加快数字经济发展。一是开展工业互联网发展"323"行动，打造网络、平台、安全三大体系，推进大型企业集成创新和中小企业应用普及两类应用，构筑产业、生态、国际化三大支撑。二是实施工业互联网三年行动计划，制订出台工业互联网平台建设及推广指南。启动工业互联网创新发展一期工程，开展网络化改造、平台体系等集成创新应用；建设一批面向重点行业和区域的工业互联网平台测试床，开展百万工业企业"上云"行动，培育 5 家工业互联网平台。三是深入实施智能制造工程。新遴选 100 个左右试点示范项目，开展基础共性和行业应用标准试验验证，加大原材料、装备、消费品、电子、民爆等重点行业智能制造推广力度。四是实施制造业"双创"专项，支持一批制造业"双创"示范平台，深化制造业与互联网融

合发展试点示范，培育协同制造、个性化定制等网络化生产新模式，大力发展服务型制造，遴选一批服务型制造示范企业、项目、平台。五是推动出台促进数字经济发展指导性文件，鼓励发展共享经济。实施促进新一代人工智能产业发展三年行动计划，支持移动互联网、云计算、物联网、智能传感等技术研发和综合应用，研究出台新形势下鼓励软件产业发展的政策措施。

（二）坚持创新驱动发展，深入实施《中国制造2025》

统筹推进《中国制造2025》五大工程实施，促创新、强基础、补短板、抓示范，加快先进制造业发展步伐。一是扎实推进制造业创新中心建设，突出协作化、市场化、产业化和可持续发展导向，遴选3家左右条件成熟的省级中心升级为国家级中心。二是实施知识产权推进计划，培育知识产权标杆企业。三是深入实施工业强基工程，继续开展"一揽子"突破行动，集中力量解决动力电池系统等50项左右关键瓶颈，支持培育一批专精特新"小巨人"，促进"四基"企业加速成长。四是加快重大装备发展，开展高档数控机床与基础制造装备、关键系统部件示范应用。稳步推进C919大型客机研制，开展大型客机发动机验证机整机试车；同时，实施重大短板装备专项工程，完善重大技术装备首台套保险补偿机制，落实好重大技术装备和科技重大专项进口税收优惠政策。五是高标准创建"中国制造2025"国家级示范区，建立考核评价和动态管理机制，健全"中国制造2025"分省市指南实施机制，推动国家新型工业化产业示范基地转型提升。

（三）产业技术水平有望迈上新台阶

我国经济进入高质量发展阶段，产业技术升级政策也在向统筹产学研，发展高技术，促进产业化，突破行业关键共性技术，推动科技创新能力转变为产业实力方向努力，这将推动产业整体技术水平得到较大提升。一是有关部门以提高制造业创新能力、提升产业核心竞争力为目标，围绕关键共性技术集聚创新资源，聚焦战略性、引领性、重大基础共性需求，建设3家左右国家制造业创新中心。二是有关部门继续强化制造业知识产权创造、保护、运用，构建完善制造业知识产权协同推进体系，组织实施产业知识产权协同运用推进行动和行业知识产权服务能力提升行动，开展工业企业知识产权标杆遴选。三是有关部门组织开展工业产品质量提升行动，加强产业集群区域品牌建设。

二、政策措施建议

（一）进一步加强顶层设计

一是从科技创新角度瞄准创新驱动、智能转型、强化基础、绿色发展等关键环节，推动制造业跨越发展，强化对《中国制造2025》的科技创新支撑。二是加强科技计划组织实施与衔接合作，分别通过国家重点研发计划、国家科技重大专项、技术创新引导专项（基金）等各类科技计划多渠道组织实施。三是优化科技政策与财税、进出口和产业政策的协同，充分利用反垄断和反倾销等法律手段，切实保证我国制造企业在自主创新中受益。

（二）着力构建国家制造业创新体系

要以更大力度实施创新驱动发展战略，按照系统创新链思想，完善普惠性支持政策，加快建立以企业为主体、需求为导向、产学研深度融合的技术创新体系。实施国家制造业创新中心建设工程，聚焦战略性、引领性、重大基础共性需求，建成一批高水平制造业创新中心。加强应用基础研究，拓展实施国家重大科技项目，加大关键核心技术攻关和成果转化力度，培育一批创新型领军企业。实施工业强基工程，构建体系化、长效化推进机制，突破重点领域发展的基础瓶颈。

（三）构建普惠性技术创新支持政策体系

一是健全企业技术改造政策支持体系。将固定资产加速折旧政策扩大到所有行业企业新购进的技术改造设备，引导企业加大技术改造投资力度。研究制定重点产业技术改造投资指南和重点项目导向计划，研究设立技术改造引导基金，推动传统产业技术升级。落实好首台（套）进口税收优惠和保险补偿等政策。二是建立有利于技术创新的金融支持体系。打通和拓宽直接融资渠道，支持专业化风险投资、天使投资、创业投资、股权投资机构发展，强化多层次资本市场对创新的支持。创新间接融资服务方式，鼓励互联网与银行、证券、保险、基金的融合创新，更好满足实体经济不同层次企业技术创新的融资需求。

（四）加强人才、基地等环境建设和国际交流合作

一是加大人才培养和引进力度，建立健全多层次的创新型人才培养体系，支持校企联合开展定制式人才培养；鼓励企业加大职工培训力度；支持高端人才引进。二是加强联合实验室及配套条件的建设，加强基地环境建设和管理机制建设。三是充分创造和利用开放共赢的国际合作环境，积极参与国际重大项目合作开发，探索专利互换、标准互换、联合开发等多层次合作与交流。

第三节　2018 年化解产能过剩矛盾展望及政策建议

一、化解产能过剩矛盾和淘汰落后产能的主要趋势

（一）利用综合标准体系加速推进化解过剩产能和淘汰落后产能

2017 年 3 月，工业和信息化部、国家发展改革委、财政部、人力资源和社会保障部等十六部门联合发布《关于利用综合标准依法依规推动落后产能退出的指导意见》（工信部联产业〔2017〕30 号），在总结过去几年化解产能过剩和淘汰落后产能主要做法和经验的基础上，进一步强调贯彻落实环境保护法、节约能源法、安全生产法、产品质量法等法律法规和《产业结构调整指导目录（2011 年本）（修正)》等相关政策文件要求，加快过剩产能和落后产能退出市场。主要存在以下三个特点：一是依法依规淘汰落后产能，在推进落后产能和过剩产能退出市场的过程中，强化法律法规的约束性，通过加大节能、环保、质量、安全等多方面执法检查力度，强制按照能耗、环保、安全、质量等标准淘汰落后产能和过剩产能，依法依规保障落后产能退出市场。二是以重点行业去产能工作为抓手，集中力量紧抓钢铁、煤炭、电解铝、水泥、平板玻璃等行业化解产能过剩和淘汰落后产能工作，逐渐扩大行业范围。三是完善信息公开制度，联合地方政府各部门定期发布在能耗、质量、环保、安全等方面不合标准的企业，督促其整改或者退出市场。总体来讲，2018 年相关部门将以钢铁、水泥、电解铝、平板玻璃等行业为重点，完善综

合标准体系，严格常态化执法和强制性标准实施，促使能耗、环保、安全、技术达不到标准和生产不合格产品或淘汰类产能，依法依规关停淘汰，形成多标准、多部门、多渠道协同推进工作格局，建立市场化、法治化、常态化的工作推进机制。[①]

（二）各部门协作机制进一步发挥效用

自 2010 年起，党中央和国务院不断推进关于进一步加强淘汰落后产能和化解过剩产能矛盾工作部署，各部门协作机制逐步建立和完善，当下各部门协作机制将充分发挥效用，加速过剩产能和落后产能的退出。特别是近两年针对钢铁、煤炭等重点行业，国家发改委、工业和信息化部、国家能源局、国土资源部、环境保护部、人力资源和社会保障部、财政部、民政部、国资委、银监会等众多部门积极响应，协同合作形成合力，针对化解产能过剩过程中将面临的人员安置、债权债务、工业用地等等问题，提出了相应的对策建议。2017 年，钢铁、煤炭等行业全面推进化解过剩产能和淘汰落后产能，超额完成全年去产能目标任务。在此基础上，针对去产能过程中需要紧抓的职工安置分流、企业债务问题、金融机构参与等环节，积累了相应的经验。此外，工作方式从"十二五"期间主要以工艺技术、装备规模为标准组织实施，转向以能耗、环保、质量、安全、技术等多标准协同推进，更多地发挥能耗、环保、质量、安全标准的约束作用。[②]

二、政策措施建议

（一）深化要素市场配置改革，加快去产能工作方式转变

结合去产能工作政策体系，明确了"十三五"期间淘汰落后产能工作的总体要求、主要任务、政策措施和部门职责，深化要素市场化配置改革，大力破除无效供给，把处置"僵尸企业"作为重要抓手，推动化解过剩产能。逐步实现工作方式由主要依靠行政手段，向综合运用法律法规、经济手段和

---

① 《关于利用综合标准依法依规推动落后产能退出的指导意见》解读材料，工业和信息化部产业政策司，2017 年 3 月 9 日。

② 《关于利用综合标准依法依规推动落后产能退出的指导意见》解读材料，工业和信息化部产业政策司，2017 年 3 月 9 日。

必要的行政手段转变。进一步实现界定标准由主要依靠装备规模、工艺技术标准，向能耗、环保、质量、安全、技术等综合标准转变。重点建立市场化、法治化、常态化的工作推进机制，构建多部门按职责协同推进工作机制和落后产能法治化、市场化退出长效机制。①

（二）严格依法依规淘汰落后产能，发挥约束机制效用

2017 年以来，化解过剩产能矛盾和淘汰落后产能相关政策从能耗、环保、质量、安全、技术五个方面提出了明确的任务要求，具体是：严格执行节约能源法、环境保护法、产品质量法、安全生产法等法律法规，对能源消耗、污染物排放、产品质量、安全生产条件达不到相关法律法规和标准要求的产能，由地方相关部门根据职责依法提出限期整改的要求，对经整改仍不达标或不符合法律法规要求的，报经有批准权的人民政府批准或直接依据有关法律法规规定，予以关停、停业、关闭或取缔。对工艺技术装备不符合有关产业政策规定的产能，由地方有关部门督促企业按要求淘汰。另外，在约束机制上突出信用惩戒。对未按期完成落后产能退出的企业，将有关信息纳入全国信用信息共享平台，在"信用中国"网站等平台公布，并在土地供应、资金支持、税收管理、生产许可、安全许可、债券发行、融资授信、政府采购、公共工程建设项目投标等方面，依法依规实施联合惩戒和信用约束。②

第四节　2018 年产业转移趋势展望及政策建议

一、产业转移的主要趋势

（一）完善和提升产业园区等产业载体服务功能

党的十八大以来，工业和信息化部发布的产业转移指南指出了我国产业

---

① 《产业司许科敏：加快优化调整奋力开创产业政策工作新局面》，《2018 年全国工业和信息化工作会议专题报道》，2017 年 12 月 25 日。

② 《关于利用综合标准依法依规推动落后产能退出的指导意见》解读材料，工业和信息化部产业政策司，2017 年 3 月 9 日。

转移的具体方向。近几年内我国各地区积极建设自己的经济开发区（不同层级的高新区、经济技术开发区、示范区、示范基地等），其中产业园区建设是一大亮点，产业园区是承接产业转移的主要载体。以当地产业特色基础，构建本地的产业园区，未来需要健全和完善园区各方面配套设施，使产业园区服务功能得到升级，逐渐增加本地产业园区吸引力。积极协助有意向转移的企业，引入上下游配套企业，完善和延长产业链条。从原先的加工制造环节，逐步向微笑曲线的两端延伸，积极利用新技术、新模式、新业态，完善和延长产业链，进而提升价值链，逐步提高制造业利润水平。

（二）以城市群为基础进行产业调整，实现优化布局

在当今经济全球化蓬勃发展和国际分工日益细分大趋势下，每个产业的发展都不再是一座孤岛，而具有"蝴蝶效应"，甚至"牵一发而动全身"。党的十八大以来，国家发展改革委印发了多个"城市群发展规划"，工信部颁布了多项"产业转移指南"等政策文件，其主要目的之一就是为了协调区域发展平衡，优化产业布局，不再以单独的地区来看待经济和产业，而是从相近或者相似的产业集聚区出发，以市场为主导，进行资源优化配置，从而使得几个城市或多个城市之间的产业共同发展，实现产业转型升级。

（三）跨国公司对我国的产业转移趋势放缓

一是我国日益增长的生产要素成本，导致跨国公司在我国不像以前那样可以有更高的利润空间，而是转向成本更低的地区。二是当前世界经济复苏缓慢，世界各国都避开 WTO 规则，制定了很多抑制自由贸易的政策壁垒，约束了国际产业转移。三是发达国家都在积极呼吁制造业回流，提振本国制造业，这种情况减缓了跨国公司对外产业转移的速度。四是我国一二三产业近年来发展和变革较快，特别是我国制造业的蓬勃发展，现在正进行有选择性的高质量的产业转移，影响了跨国公司对我国进行产业转移。

二、政策措施建议

（一）逐步延长和完善全产业链

对于承接产业转移的地区来说，无论是从东部地区向中西部区转移，还

是从国外发达国家向中国转移，都要考虑产业转移的层次和含金量（行业内的竞争力），不再是过去粗放式的转移。当前我国的生态环境和资源已经不允许再和以前一样盲目地承接产业转移。对于中西部地区来讲，除了承接单个的企业转移，还要考虑承接以产业链为主的转移，或是整个产业园区的转移，围绕某个产业的全产业链，全部上中下游企业综合考虑。对于承接国外的产业转移，多考虑行业竞争力和我国该行业的发展水平，有选择性地承接产业转移。从大局出发，以国际视野衡量我国产业发展需求。

（二）打造有竞争力的产业集群

党的十九大报告指出，未来要打造若干世界级的先进制造业产业集群。根据工业和信息化部产业转移指南，以各地区产业园区为抓手，以发展各地区的主导产业为主，引入龙头核心企业、培育当地核心企业，引入外地和壮大本地主导产业发展所需要的上中下游企业，逐渐形成产业集群。以国家发展改革委城市群发展规划为方向，不局限于当地一个地区和城市（县、区），围绕产业发达城市或者以附近相邻的几个中小城市实现互补发展，有的城市发展上游企业，有的城市发展下游企业，有的发展制造业，有的发展服务业，根据地方特色，需要地方政府协调和破除城市间发展壁垒，进而实现从完整的产业链向产业集群过渡。

（三）构建地方特色产业生态圈

对于我国任何一个地区来讲，最终产业要实现绿色发展，实现可持续发展，构建地方特色产业生态圈。从某个主导产业单个或几个企业发展到完整的行业产业链，从一个行业的产业链发展到几个行业的产业链，从几个行业的产业链向产业集群发展。在打造产业集群的同时，逐渐配套生活性服务业（居住、医疗、养老、教育、休闲等），完善信息网络和基础设施，使得地方产业得到可持续性的良性发展。同时对标发达国家和地区产业发展模式，逐步提高本地产业的国际竞争力，打造特色产业生态圈。

第十四章 重点产业结构调整展望

第一节 2018 年钢铁产业结构调整展望及政策建议

2018 年，钢铁产业将进入新的发展阶段，钢铁产业的供给侧改革将继续深入推进，在巩固化解产能过剩成果的基础上，钢铁产业要坚持产业转型、产品转型，改善供需矛盾。在新时代，新的社会主要矛盾背景下，钢铁产业应努力实现高质量发展，应以供给侧结构性改革为主线，抓住"一带一路"建设、京津冀协同发展、长江经济带发展等战略机遇，注重有效供给水平的提高，不断提高钢铁产品供给质量，推动钢铁产业绿色发展。

一、趋势展望

（一）去产能将继续推进

2018 年的《政府工作报告》提出，2018 年要继续破除无效供给，坚持用市场化法治化手段，严格执行环保、质量、安全等法规标准，化解过剩产能、淘汰落后产能，我国提出的目标是减压钢铁产能 3000 万吨。国家发改委指出，2018 年钢铁行业重点将科学确定目标任务，严禁新增产能，防止边减边增，防范"地条钢"死灰复燃，坚持化解落后产能，依法依规退出不符合规定的企业，并采取"负面清单"式不定期督查。[①] 所以，防范"地条钢"死灰复燃、严禁新增产能和已化解的过剩产能复产，成为 2018 年钢铁产业发展的一个重要趋势。各地方政府也明确了去产能的目标，如：江苏将化解粗钢

---

① 国家发改委。

产能 536 万吨，山东将化解粗钢产能 355 万吨、生产产能 90 万吨，云南将压减粗钢产能 27 万吨。低端产能的出清，破除了我国钢铁产品的无效供给，我国钢铁产品的有效供给水平将不断提升。

（二）钢铁产量将实现平稳增长

随着我国经济发展进入新常态，经济增速放缓，基础设施建设速度也在趋缓。但是，我国加强制造强国建设，新兴产业将加快发展速度；我国将加强西部大开发，东北老工业基地改造；启动新的棚改计划、老旧小区改造；"一带一路"建设将进一步扩大国际产能合作，今后"一带一路"建设的重点之一就是需要进一步加强基础设施互通互联，增强各国的发展动力。这些都将对钢材产生一定的需求，如：2018 年，我国将完成铁路投资 7320 亿元。这些都为我国钢铁产业的发展提供了重要的机遇。

（三）环保要求更加严格

随着社会对生态环境的重视程度不断提升，对空气质量的要求不断提高。未来一年，我国钢铁产业将面临更加严苛的环保要求。《政府工作报告》提出，2018 年的二氧化硫、氮氧化物排放量要下降 3%。许多地方政府对环保的重视程度不断提高，在地方政府工作报告中强调污染防治措施，钢铁产业作为重点行业势必承受更大的压力。因此，钢铁企业应积极采用新技术，加快工艺设备的升级，减少污染物的排放量。与此同时，一些环保不达标的钢铁企业可能将会在环保高压下退出市场，这对环保治理做得好的企业来说也是机遇。

（四）钢铁产品品质将不断提升

我国经济已由高速增长阶段转向高质量发展阶段。推动高质量发展是当前和今后一个时期的基本要求，地方政府对高质量发展的要求也越来越高。这就要求钢铁产业要实现高质量的发展，提供更优质的钢材产品。"地条钢"被取缔，无效产能被破除，去产能效果显著。钢铁企业要抓住机遇，加大创新力度，提高产品质量，提升产品品质，优化产品结构，扩大有效供给，填补国内供给短板。

二、政策措施建议

（一）妥善安置去产能中的分流职工

钢铁产业去产能将继续深入推进，必然会涉及职工的安置问题。应进一步推展就业渠道，充分发挥企业内部转岗的作用。重点关注零就业家庭，确保他们最基本生活保障。加强再就业培训，提高失业人员再就业的机会。鼓励分流人员进行创业，积极为他们提供厂房、孵化基地等场所。要保障分流人员的权益。保证他们再就业之后的社保顺利接续、转移。工伤人员的待遇问题应该妥善解决。优化各级政府的财政支出结构，加大对职工安置方面的投入力度，保障职工基本的权益。

（二）进一步提高企业技术创新能力

创新是引领钢铁产业发展核心动力，对钢铁产业转型升级起到重要的支撑作用。应进一步落实相关政策措施，激发企业创新的积极性。钢铁产业应进一步加大研发投入，构建和完善"产学研用"机制，形成研发协同合作机制，聚焦重点问题，攻克共性技术和核心关键技术。加强国际合作，可以与国外相关研发机构开展合作。

（三）推进钢铁产业绿色发展

当前，我国经济已由高速增长阶段转向高质量发展阶段。各个行业都在积极推动质量变革。钢铁产业要实现高质量发展，必须坚持绿色发展、绿色生产。所以，应严格执行环保、能耗、质量等标准。引导钢铁企业采用先进的技术设备，淘汰落后的工艺和设备，降低能源消耗，减少污染物的排放量；推进钢铁碳排放交易市场的建立；积极推广电炉钢工艺，发展短流程炼钢，提高电炉钢占比，加大研究力度，降低电炉钢成本，提高余热的利用水平。打造钢铁绿色产业链。

（四）建立健全防止"地条钢"死灰复燃的长效机制

由于"地条钢"生产工艺简单、隐蔽性较强，如果钢铁价格回升，有了较大的利润空间，"地条钢"很有可能死灰复燃，重新进行生产，扰乱市场秩序。所以，要建立健全防范"地条钢"的长效机制。首先要加强监管。加强对"地条钢"生产的排查，加强对钢材市场产品的监督和检查。其次要完善对企业用电的监控。建立完善涉钢用电企业主要用电设备登记监测监管制度，对企业用电进行实时监控。再次，要加大政策的宣传引导力度，加强行业自律和群众的监督，规范钢铁企业发展。

第二节　2018年有色金属产业结构调整展望及政策建议

一、趋势展望

（一）冶炼加工产能过剩局面仍将持续

过去一个时期，中国需求的持续增长，曾拉动了全球大宗有色金属产能的持续扩张。国际金融危机以来，由于全球贸易增长趋于停滞，加之有机材料、碳纤维等新型结构材料的替代，有色金属市场需求放缓的格局将持续一二十年。这一整体趋势不会由于宏观经济周期的波动而发生变化。随着中国经济发展进入新常态，基础设施和房地产建设带来的需求增速放缓，世界主要有色金属供应过剩的矛盾凸显。虽然近年来印度有色金属生产和消费增长较快，印尼、越南等新兴工业国家经济扩张明显，工业化进程加快，但仍不足以成为拉动产业发展的新动能。因此，全球主要有色金属供应过剩的局面仍将保持一段时间。相对于有限的有色金属矿产资源、增速较低的市场需求，有色金属冶炼加工产能始终存在相对过剩的问题。

（二）国际政治格局动荡，影响市场的不确定因素增加

当前，全球经济面临诸多不确定因素，发达国家经济复苏遭遇诸多曲折。中东地区持续动荡不安，英国"脱欧"的影响逐步释放，欧洲接收难民造成社会矛盾激化，右翼势力浮现，美国总统特朗普上台，排斥邻国非法移民，日本谋划介入南海问题，韩国启动"萨德"部署，朝鲜加快核武器和洲际导弹研发，缅甸地方武装挑起战斗，都将给全球政治、经济带来潜在风险。发达国家的贸易保护主义加剧，"反移民"的民粹主义和极端民族主义抬头，全

球化发生倒退甚至逆转的趋势已经比较明显，我国进出口的外部环境将更加严峻。以美国为首的发达国家，可能对我国有色金属制品采取更加严厉的"反倾销"措施，对我国有色金属企业造成更为不利的外部环境。此外，由于不确定性增加，投机资金流入美国进行避险的趋势越发明显。由于美元走势与主要有色金属价格变化存在反向关系，美国未来持续加息，又将对大宗金属价格形成压制，极大抑制有色金属期货市场的投资投机需求，将直接影响2018年国际市场有色金属价格走势。

（三）战略资源保障能力至关重要

当前，由于新能源汽车的快速发展，以锂、钴为代表的电池原料金属矿藏缺乏，产量远远跟不上需求的增长。一些国际矿业巨头乘机兴风作浪，借助金融工具，大幅炒高市场价格，尤为值得我国警惕。与此同时，美国等发达经济体对我国发起"贸易战"，重点关注我国限制原材料出口的做法，特别是对我国储量丰富的稀土、钨等战略资源的生产和出口管控提出控诉。在复杂多变的形势下，我国必须增强战略定力，将有色金属行业提升至更高的战略层面，一手抓研发新技术、替代型材料，一手抓海外资源布局、国际定价权，同时采取外交、经贸、宣传等多种手段，为我国有色金属产业的持续发展赢得更大的生存空间。

（四）高层次有色金属制品需求尚不足以支撑整个行业的发展

当前，我国有色金属行业出现了一些新亮点，形成了一些新动能，发展前景广阔。譬如，钛合金、航空铝材、动力电池材料等高端产品发展很快，相应的原材料供不应求，激发了矿产勘探、海外并购的发展动力。但与我国电解铝、铜冶炼、铅锌制品、稀土开采等有色金属领域传统支柱产业相比，新型材料对整个产业结构的支撑作用仍然有限。由于行业发展内生动力还不强，一旦有色金属价格持续回升，很有可能引发产能扩张回潮。加之国际贸易摩擦、能源价格回升、清理"僵尸企业"、排查存量债务风险等因素，都会对行业平稳发展的态势构成风险。加快产业升级，提升关键环节自主研发能力，走高质量发展道路，仍是摆在我国有色金属行业面前的最大挑战。

二、政策措施建议

2018 年，按照工业和信息化部的整体部署，有色金属行业结构调整有以下几方面任务：一是推动有色金属新材料研发应用。坚持以需求为导向，通过材料生产企业和应用企业的上下游合作对接，完善有色金属新材料产—学—研—用体系建设。制订民机铝材上下游合作机制 2018 年度重点工作计划，协调推进落实年度重点任务；鼓励有条件的企业建立生产应用示范平台，积极扩大汽车轻量化材料应用；推动轻量化材料制造业创新中心建设。二是推动落实电解铝产能置换工作。按照产能总量控制和存量优化的思路，鼓励企业通过兼并重组、产能指标交易等方式实现产能置换，加快缺乏竞争力产能退出，防范产能过剩风险。三是继续实施行业规范管理。推动智能制造，开展智能矿山新模式研究，探讨有关标准，研究形成可全行业推广的智能化模式。铜、铝等有色金属品种金融属性强，为防范资本市场过度炒作，工信部将会同相关部门和有色协会，加强对铝等有色金属的价格监测，做好信息发布和政策引导，避免投机性炒作对市场产生过度影响。四是加强国际合作。举办首届"中俄钛业论坛"，促进双方在航空航天、船舶、海洋等领域联合开展钛合金技术和项目合作。会同行业协会研究建立铝工业国际贸易应对机制，发挥协同效应，组织相关企业，形成应对合力，提前做好应对预案，避免经济问题政治化、双边问题多边化。

（一）加快推进有色金属工业供给侧改革

执行以公平竞争为导向的产业政策，加快有色金属企业、产能的优胜劣汰。有效淘汰落后产能、化解过剩产能，坚决遏制新增低端产能，建立"僵尸企业"退出机制。一是严格控制控制新增产能，切实淘汰落后产能，有序退出过剩产能，探索保留产能与退出产能适度挂钩。在建项目应按一定比例与淘汰落后产能和化解过剩产能挂钩。二是加快推动有色金属产业向资源富集区转移。通过采取强有力措施，切实制止一些地方和企业不顾国家发展规划、产业发展政策，盲目大规模投资建设冶炼生产能力；引导冶炼生产能力向资源、能源相对丰富的中西部转移；提升长江三角洲、珠江三角洲、环渤海地区铜铝加工产业水平，打造高精铜铝产业基地，有色金属行业布局将逐步得到优化升级。三是优化财税政策，通过设立结构调整专项奖补资金引导地方综合运用兼并重组、债务重组和破产清算等方式，加快处置"僵尸企业"。四是降低不合理的融资成本。形成多层次、多元化、高效率的融资渠道，通过积极稳妥发展企业债券市场，大力发展投资基金市场，进一步规范企业产权交易市场来为企业创造良好融资环境和条件。同时，稳步发展期货市场，加快金融工具创新，为有色金属企业规避风险、降低财务费用、实现产品保值增值提供机遇。结合国企改革需要，积极推进市场化债转股，运用市场化手段妥善处置企业债务和银行不良资产。

（二）坚持高质量发展理念，实现两化融合，整合延伸产业链条

有色金属行业亟待加速抢抓机遇，与互联网、大数据、人工智能深度融合，借助"一带一路"倡议、几大经济带协同发展、"中国制造2025"等国家战略，开拓新的市场需求点和利润增长点。生产企业应当与科研、设计单位共同开发智能工厂，在实践中检验并推广经验、成套输出。企业可将产品进行二度细分和加工后面向有针对性的市场，同时提高对副产品的处理甚至应用水平，使"循环"在助力节能减排的同时创造更多效益。服务类企业面临传统产能萎缩的形势，应在全国化布局的大趋势下，实现"业务板块化、区域中心化"，实现业务联动和产业联动。工程设计企业应践行"产城人文"的有机结合，探索全产业链联动的盈利模式，不仅从采矿、选矿、尾矿、冶炼、加工等各端贯通，还应将服务转而面向城市空间，面向人类生产生活方式，探索人居环境技术服务、管廊、建筑的智慧管理、智能管控，开创全新的商业生态模式。

（三）加强对有色金属行业的运行监测分析

统筹建立全国有色金属行业在线监测系统，加强对有色金属行业特别是电解铝行业运行监测分析，及时反映行业出现的新情况、新问题。特别要对有色金属行业的电能消耗、安全生产、"三废"排放等关键环节加以动态监管，统筹掌握第一手数据，对全国产业布局调整提供决策支持。加强对有色金属行业上市公司、"新三板"挂牌公司财务状况的分析，妥善预防和化解部分高杠杆率企业的财务风险，以及高库存率、大量参与期货交易企业的市场风险。积极探索淘汰落后产能长效补偿机制，在推动地方淘汰落后产能的同

时培育新的产业增长点，化解淘汰落后产能过程中下岗工人安置问题。适时适当提高电解铝、铜冶炼、铅冶炼、锌冶炼的淘汰标准，并鼓励地方根据自身产业特点进一步提高淘汰标准，加快推进淘汰落后产能工作。增强环保约束在有色金属产业结构调整中的强制力，制定更加严格的排放标准，实现对落后产能退出的倒逼机制。加快推进资源性产品价格形成机制改革，形成有利于资源节约和环境保护的资源价格体系，促进建立以市场竞争为主、产业政策为辅的有色金属行业化解产能过剩矛盾的长效机制。

（四）积极推进国际交流与合作

优化有色金属产品进出口结构，鼓励进口有色金属资源和产品，严格限制高能耗、高排放、资源性产品及初级深加工产品出口。加大"走出去"支持力度，把一部分面向海外市场的产能转移到需求国，积极妥善应对"反倾销"以及其他形式的贸易壁垒。积极推动制定境外矿产资源勘查开发支持政策，鼓励有条件的企业积极开展国际合作，参与国际市场竞争，尽快建成一批境外资源基地，提高国内资源保障水平。要提升有色行业的宏观经济金融素养，认识到有色金属产品不仅仅是由供需决定的工业原料，也是由世界政治、全球经济、货币政策、金融市场决定的投资工具，价格形成机制复杂，金融化程度高。必须从全球宏观经济形势着眼，学会用好国际金融市场工具，管理风险，稳健经营，提升中国有色市场的全球定价中心地位。

第三节　2018 年建材产业结构
调整展望及政策建议

建材工业作为国民经济基础产业，承担着经济发展、社会建设、人居条件改善的重任，自身也处在调结构、增效益、转型升级的关键时期，"十三五"期间，依靠投资拉动的建材产业价值增长更为受限，资源环境约束更加趋紧，行业也势必在倒逼的巨大压力中加快发展方式转变，尽早完成结构优化。

一、趋势展望

（一）宏观市场环境保持平稳

由于环保政策进一步趋严，各省市地区建材限产政策频出，2018 年，全国固定资产投资总体持续保持稳定，建材行业面临的宏观市场环境将在需求相对偏弱的情况下保持基本平稳。同时，建材行业在进一步强化行业自律并加快去产能的预期下，市场供需平稳将得到较好维护。但是，由于目前建材产品价格和经济效益回升基础仍然薄弱，产能严重过剩问题并没有真正实质性的缓解，建材行业新的增长点仍未充分形成等问题仍较为突出，2018 年，建材经济效益持续稳定增长还存在一定的风险，但随着大气环境质量的稳步向好，建材限产的力度将会有所放松，将在一定程度上缓解供需矛盾，有望获得平稳市场。

（二）行业技术创新势必提速

随着我国经济结构的战略性调整及战略性新兴产业、绿色建筑产业的发展，势必带动建材产品的需求结构变化和新产品开发。水泥制品方面，最新混凝土技术、各类新混凝土应用、砂浆设备、砂石骨料设备以及工地现场水处理等以及玻璃制品方面节能玻璃及玻璃深加工产品、电子平板显示玻璃、太阳能玻璃、低辐射镀膜玻璃、新型墙体材料及复合多功能墙体、节能型门窗及屋面材料、防火抗震隔音保温材料、玻璃纤维及树脂基复合材料制品及各种新材料、共同基础材料、新能源和节能环保材料等等将成为新的需求增长点。未来产品需求的绿色化、多功能化和高品质化发展趋势将更加突出，兼具绿色、节能、环保等多种功能的高品质建材产品将成为未来新的发展主体，其市场空间也将随之进一步扩大。

（三）产业融合深度不断加大

市场需求多元化发展催生产业融合和产业细分市场发展，随着宏观环境和市场的变化，通过市场力量推动建材领域资源合理高效配置的深度融合初现端倪，特别是在砂石、水泥、混凝土、砂浆等领域，更深层次的产业融合正在加速进行。水泥与砂石产业优势互补已被行业广泛接受，砂石骨料品质对混凝土质量的影响也催生混凝土企业延伸砂石骨料生产线。

随着国家生态环保战略部署的加快推进，砂石骨料的重要性越发突出。一方面，天然优质砂石资源稀缺，砂石质量、供应不稳定且成本波动大，成为混凝土、砂浆、水泥制品等行业的不可控因素。另一方面，国家有关部门加强对矿产资源审批，从源头上管控资源，原材料日渐稀缺，如何提高资源有效利用率成为行业普遍关注的话题。

中国砂石骨料网数据中心研究指出，未来5—10年，中国砂石行业将迎来一个深度整合的周期，围绕砂石矿山的兼并、重组、并购将成为行业新常态。从砂石到水泥、混凝土、砂浆、水泥制品深度融合的时代已然到来，装配式建筑和海绵城市建设也将为建材产业带来新的发展机遇。在这个宏大背景下，砂石矿山资源将成为建材产业间高度融合发展的纽带和支点，中国砂石骨料行业将迎来前所未有的发展机遇，砂石行业在立足于1万亿砂石市场的同时，还将带动6万亿—8万亿体量的关联建材市场。延伸产业链上下游，形成整体统筹，将有助于行业创新管理提质增效。

二、政策措施建议

（一）加强规划、政策等的制定修订完善执行，拓宽建材产业供给侧结构性改革实施路径

一是贯彻执行促进绿色建材生产和应用的行动方案，开展绿色建材评价、发布绿色建材产品目录，研究修订水泥产品标准，制修订混凝土、混凝土掺合料和专用水泥等的产品标准，发挥行业协会作用，定期淘汰落后技术、产品，扎实推进技术更新、产品换代。

二是营造公平竞争环境，建立企业产品和服务标准的自我公开声明和监督制度，产品全生命周期可追溯体系，强制和自愿相结合地要求企业公开环保、节能、质量、安全等信息，接受社会监督，严格执法监督，对违反相关法律法规、强制性标准规范的行为依法进行处理，并发布失信企业黑名单。

（二）推广应用绿色建材技术与产品，鼓励绿色建材消费

一是推广绿色建材。构建贯通绿色建筑和绿色建材的全产业链，鼓励节点企业延伸产业链，整合人力物力，搭建产业协同创新平台，组织绿色建材

新产品、新设计、新技术的多批次应用试点示范，宣传推介绿色建材成功应用范例。

二是加强清洁生产。支持企业提升清洁生产水平，一方面在原有技术基础上应用新材料，一方面开辟新的适用工艺技术，实施节能减排技术改造，挑选行业高效优良工艺技术装备做示范普及，推进资源、能源、环境、节水等合同管理，研究制定修订重点行业清洁生产标准规范指南目录。

三是发展循环经济。支持利用现有的新型干法水泥窑协同处置生活垃圾、建筑垃圾、城市污泥、危险废物和污染土壤等，基于建筑废弃物回收再加工生产绿色建材，利用农作物秸秆、林业废旧木制品等农林草残渣制造生物质建材等。

（三）加强对建材企业的创新支持与奖励，营造市场牵引、需求推动、政府激励的创新机制

一是根据建材工业行业发展现状和技术特征，坚持企业主体地位，鼓励建材企业加大技术创新投入，引导建材企业融入"互联网＋"战略，对传统生产模式、工艺技术改造升级，特别是顺应智能制造的发展大势，支持建材产业筹建本行业智能制造联盟，打造促进建材产业智能化、绿色化的技术与创新服务平台。

二是放眼未来，不只做行业跟跑者，更做行业引领者。营造宽松的创新氛围，鼓励企业在与国际合作竞争时，把握前沿技术与理念，积极开发石墨烯、玻璃纤维以及非金属矿物加工、无机非金属材料等先进复合材料，增强先进战略性建材和绿色建材的供给能力。

第四节　2018 年汽车产业结构调整展望及政策建议

随着逆全球化浪潮兴起，全球汽车产业环境发生深刻变化，不确定因素和市场风险因素增加。不过共性技术的开发与应用或促进汽车产业发生品质革命。传统汽车细分市场竞争进一步加剧。同时，智能化、网联化为标志的新能源汽车成为新发展方向。因此，汽车市场新一轮激烈博弈重新演绎。

一、趋势展望

国家深化政策供给，注重对汽车产业的引导，并强化产业升级。传统汽车市场日益分化，新能源汽车发展趋势依然坚挺。

（一）汽车整体保增长，细分市场存差异

党的十九大报告提出，发展经济的着力点放在实体经济，并坚定积极的财政政策取向，实施聚力增效。一方面，政策叠加效应扩大释放，可以预判系列汽车政策红包的出台和落地有助推动汽车产业步入新的台阶。另一方面，发展不平衡不充分是当前社会的主要矛盾，《政府工作报告》多次提及重大基础设施建设继续向中西部地区倾斜。基础设施建设、物流运输腾飞、城市客运繁荣将给客车与载货车生产企业带来重大机遇。另外，十九大报告明确指出加强对革命老区、民族地区、边疆地区、贫困地区支持，落实老工业基地振兴举措，继续推动中部地区崛起，支持东部地区率先发展。这些地区的新发展将以基础设施建设为突破口，因此或将成为工程车等商用车生产企业的聚焦区。

（二）产品出现品质革命，产业加速新型业态

一是在全球经济绿色转型发展的大背景下，轻量化作为汽车产品发展趋势继续深化，汽车产业能源低碳化、产品电动化成为更多国家及跨国汽车企业的主攻方向。同时，电动汽车在减少化石能源消耗、降低二氧化碳排放等方面的积极作用将得到更大程度的发挥，燃料电池、插电式、增程式有望获得更多关注。实施重大短板装备专项工程，大幅压减工业生产许可证，强化产品质量监管。开展质量提升行动，推进与国际先进水平对标达标，弘扬工匠精神，推动中国汽车的品质革命。

二是智能网联汽车提速发展。智能化与共享化是未来汽车产业的主导趋势。工信部强力推动相关示范区建设，目前已批准五大智能网联汽车试点区。今明年或为无人驾驶车辆商业化的元年，并进入爆发增长时期。同时，相关组织也在积极发展。2017 年 6 月，汽车、交通、通信、互联网等领域企业、高校、研究机构联合成立"中国智能网联汽车产业创新联盟"，成为国内推动

智能网联汽车发展的重要平台。企业参与热情空前高涨。传统车企积极开展相关产品研发，通信业积极开展5G技术、车载芯片等研发工作，地图业开展高精产品研发工作。

（三）市场竞争再加剧，格局洗牌或加速

一是整车大比拼。2018年《政府工作报告》中明确要求简政、减税、减费，减轻市场主体负担，优化市场环境。因此，进一步激发车企的活力和潜力，并再次点燃无形"硝烟"。二是国产车与进口车的竞争。《报告》着重指出，积极扩大进口，下调汽车等进口关税。因此，进口车竞争优势进一步凸显，势必加速涌入国内，挤压自主品牌生存空间。随着汽车进口关税再次降低将，进口车车价将走低。同时，汽车投资门槛进一步降低，外资或将扩大汽车投入。不过开放市场有助倒逼中国品牌品质加速升级，引入外部竞争力量，推动国内汽车产业结构升级。这体现用市场化与法治化手段以化解过剩产能、淘汰落后产能。三是新车与旧车的"掰手"。二手车加力"攻城"，与新车展开厮杀。2017年3月，商务部、公安部、环境保护部三部委就二手车限制迁入问题首次联合发布《商务部办公厅公安部办公厅环境保护部办公厅关于请提供取消二手车限制迁入政策落实情况的函》。2018年的《报告》中再次强调全面取消二手车限迁政策。可以预见，系列政策与举措将提升二手车竞争力和市场驱动力，二手车交易将加速，流通地区将更加广泛，全国大流通将激发二手车市场的活力，迎来爆发式增长。

综上，市场博弈或呈现两大空间特征。第一，从国内看，汽车市场的主战场将下沉。当前京津冀、长三角、珠三角以及成渝四大城市圈拉动周边城市的发展以及村镇的城市化。由于各大城市出台控制机动车数量以及卫星城市发展，城际通勤除高铁、公交甚至地铁等公共交通外，乘用车需求与商用车需求也将进一步激发，因此一线城市的周边区域或为潜力市场。国家统计局的相关统计数据表明，农民工回流趋势显化，加之婚车成为新近婚姻标配，使得农村用户对汽车的需求不断增长。第二，从国外看，"一带一路"将是品牌车新选择。"一带一路"为我国汽车产业提供了政策、贸易环境、资金等多层面支持，对我国自主品牌整车进出口、零部件进出口等方面有多维度的影响。过去我国汽车品牌出口汽车产品目标市场多为拉美、非洲、中亚等欠发达地区，今后可在沿线国或地区增加布局，以积极占领全球市场。

二、政策措施建议

（一）优化顶层设计，健全产业政策

一是继续深化供给侧结构性改革，完善创新支持政策。建立跨产业协同平台，整合国内汽车产业技术优势资源，建设汽车领域国家制造业协同创新中心，形成体系化的技术创新合力，联合攻关核心共性技术，加速节能减排车型设计、研制与商业应用。二是调整汽车行业税制结构和金融政策，提高汽车使用环节和保有环节的税赋，降低生产和购买环节的税赋，改变地方政府对本地企业提供保护的做法。设立专项基金，用于改造老旧小区电力容量不足、布置充电桩产生的工程改建成本等，为新能源汽车发展健全配套设施。

（二）加强品牌建设，推动跨界融合

一是打造质量品牌，培育国际领先企业。继续提升产品质量标准体系，突出加强品牌培育，强化国企改革，推动优化重组，支持优势与骨干企业做大做强。二是加速跨业、跨界融合，构建新型汽车产业生态体系。创新融合发展模式，加快推动智能制造、协同制造，以互联网应用为抓手，推动汽车制造服务业发展，提升产业绿色发展水平。加快5G网络商用推广，为网联汽车构建坚实的技术和物质支撑。

（三）壮大实力求发展，走出国门闯天下

一是夯实基础能力，不断强化研发流程、标准和平台。通过政策引导，鼓励整车与相关行业企业、零部件企业加强技术和资本合作，发展先进高新材料及制造装备。二是深化开放，加强跨国沟通与对话，提高汽车的国际竞争力。通过税收、金融、贸易等组合政策鼓励企业把国际市场作为其未来发展的战略考虑，抓住"一带一路"沿线市场，不断挖掘国际资源，加强国际产能合作，积极进行全球发展布局，推动汽车产业互利共赢。

第五节　2018年电子信息产业结构调整展望及政策建议

一、趋势展望

（一）人工智能领域将会迎来突破式发展

从全球范围内看，人工智能正迎来了行业发展的黄金时期。美国、英国、法国、德国等发达国家都先后出台了支持人工智能发展的相关政策。2017年7月，国务院从国家战略的高度研究制定了《新一代人工智能发展规划》，从国家全面和长远发展的方面进行前瞻性谋划，我国人工智能行业的突破式发展也将加快。据不完全统计，2017年中国人工智能领域的创业公司投融资事件超200起，总融资金额超40亿美元，2018年中国AI的投资和创业公司将会持续增加。随着人工智能技术逐步成熟，产业应用领域不断深入，人工智能相关政策持续出台，2018年，人工智能行业将会迎来突破式发展。

（二）互联网和工业之间融合发展步伐加快

2018年，两化深度融合将进入发展的快车道。国务院发布《关于深化制造业与互联网融合发展指导意见》，使我国两化融合站在新的起点上，制造业与互联网融合发展迈进新技术驱动、新体系构建、新范式形成、新模式涌现的新阶段。工业互联网在诸多制造业企业已经得到成熟运用，越来越多的企业开始将研发设计类工具、核心业务系统、底层的设备和产品向云端迁移，从而降低企业的运营成本，提高企业运行效率和制造能力。例如，海尔、航天云网等企业"双创"平台在制造资源汇聚、专业能力输出、模式创新等方面取得积极进展；中石油将企业40个业务系统迁移到云端，打通信息孤岛，促进制造资源、数据等集成共享，全面提升了企业效益；iSESOL平台将上万台i5机床接入云端，采用租赁方式，按使用时间、价值或按工件数量计费，大大降低了企业的一次性成本，也提高了机床的使用效率。互联网与工业的深度融合促进了制造业生产和服务资源在更大范围内实现更高效率和更加精准的优化配置。

（三）新技术更迭将加快推动产品智能化发展

电子信息产品的智能化成为重要的发展方向，信息技术企业与电器、汽车、医疗卫生等行业的融合，打通了硬件产品开发上的关键节点和应用的瓶颈。在全球范围内，智能穿戴设备、智能家居、智能汽车、智能机器人等硬件产品及应用开发将呈现快速增长；国内的百度、阿里、腾讯等国内互联网巨头的进入也为基于智能硬件应用平台的搭建和商业模式创新提供了必要支撑。随着智能技术不断推进、计算方法飞速演进和处理能力的大幅提升，智能化的新产品、新服务将不断涌现，全球企业都将智能化作为占领科技高峰的关键，我国拥有全球最庞大的电子信息产品市场，更将推动产品的不断智能化创新。

二、政策措施建议

（一）加快建设电子信息制造业创新中心

制造业创新中心是引领行业创新发展的重要载体，创新中心的建设通过政府引导，汇聚社会资源，突破制造业发展的瓶颈和短板。电子信息制造业创新中心要着眼于关键共性技术，集中行业的优势资源，形成行业合理，着力突破科技成果工程化、产业化。在国家级的制造业创新中心的引领下，各个地方结合自身优势建立行业创新中心，在关键的优势领域集中发力，带动行业的转型升级。

（二）重点突破关键环节

结合"中国制造2025"配套政策措施，加快在电子信息行业的制造强国和网络强国建设，重点围绕集成电路、智能传感器、5G、人工智能等具有全局影响力、带动性强的环节，研究部署一批重点科研项目，开展集中突破，推进电子信息产业结构全面升级，打造世界级电子信息产业集群，带动整个行业向高端智能化方向发展。

（三）加强政策保障体系建设

构建支持创新的政策环境，营造全社会支持基础研究发展的良好氛围。

进一步壮大人才队伍，特别是注重培养造就战略科技人才和科技领军人才，加强中青年科技人才、实验技术人才的培养。对信息技术催生的新产品、新模式、新业态，应建立与发展需求相契合的管理制度法规，要推动监管方式适时革新，构建相对宽松的法律财税环境。支持企业作为创新主体开展前沿的创新活动，搭建技术创新平台，打破信息孤岛，使资源在更大范围内实现共享。

第六节　2018年战略性新兴产业发展展望与政策措施建议

一、趋势展望

（一）新兴产业将迎来加速发展

2018年新兴产业领域众多基础性技术和服务将取得突破性成果，包括以5G技术为代表的新一代信息技术，以石墨烯为代表的新材料技术和基于大数据的人工智能技术，等等。其中5G技术的突破，很可能成为2018年对新兴产业最具影响力的基础性突破，会对其他产业产生深远影响，并进一步催生大量新兴业态和技术跨界融合创新。

2018年6月，首个5G国际标准版本正式出炉。全球主要电信运营商、电信设备制造商、移动设备制造商等企业，会依据此标准正式展开5G商用网络部署。我国目前已在北京、天津、重庆、深圳、雄安、成都和沈阳等12个城市建设5G试验网，2018年内首先在应用示范工程项目上进行5G试商用，最快于2019年正式推出5G商用服务。

5G三大应用场景——增强移动宽带（eMBB）、海量机器类通信（mMTC）以及超高可靠低时延通信（uRLLC）——均会引发海量的新技术和新业态的涌现。其中，超高可靠低时延通信可服务智能车联网、工业控制等物联网及垂直行业的特殊应用需求；海量机器通信则主要面向智慧城市、环境监测、智能农业等以传感和数据采集为目标的应用场景；增强移动宽带则会带来高清视频传输、VR 360 度全景直播、AR 游戏等等新兴应用的爆发。

智能网联汽车行业在 2018 年也将迎来重大的行业发展机遇期。北京、上海、重庆、深圳等地先后开放智能网联汽车实际道路测试，一直困扰行业的路测瓶颈被突破，这大大有利于机器学习技术在交通领域的发展。由工信部、公安部、交通部等部委推动出台的规章等法律文件、技术标准以及部分立法的修改，将进一步推动智能网联汽车行业加速发展。同时随着 5G 网络的建设，智能网联汽车的通信能力、安全性能、智能化水平都会有大幅度提高。

（二）新兴产业领域政策红利进一步释放

我国政府高度关注新兴产业，持续释放政策红利支持和推动新兴产业发展。习近平总书记在党的十九大报告中指出："加快建设制造强国，加快发展先进制造业，推动互联网、大数据、人工智能和实体经济深度融合……培育新增长点、形成新动能。"李克强总理在 2018 年《政府工作报告》中强调："发展壮大新动能。做大做强新兴产业集群，实施大数据发展行动，加强新一代人工智能研发应用，在医疗、养老、教育、文化、体育等多领域推进'互联网＋'。发展智能产业，拓展智能生活。运用新技术、新业态、新模式，大力改造提升传统产业。"

2018 年 3 月 28 日举行的国务院常务会议作出决定：按照党中央、国务院部署，为进一步完善税制，支持制造业、小微企业等实体经济发展，持续为市场主体减负，决定从 2018 年 5 月 1 日起，一是将制造业等行业增值税税率从 17％降至 16％，将交通运输、建筑、基础电信服务等行业及农产品等货物的增值税税率从 11％降至 10％，预计全年可减税 2400 亿元……三是对装备制造等先进制造业、研发等现代服务业符合条件的企业和电网企业在一定时期内未抵扣完的进项税额予以一次性退还。这些税改政策会为新兴行业企业进一步减轻负担，让企业能聚集更多资源集中精力开展创新创业。2018 年还将全面实施集成电路、新型显示、生物产业倍增、空间信息智能感知等重大工程，以国家力量催化新业态和新技术变革。

（三）新兴产业金融支持进一步强化

2018 年，金融业对于实体经济尤其是新兴产业的支持力度将进一步强化。为贯彻 2018 年《政府工作报告》中关于扩展普惠金融业务、更好服务实体经济的部署，国务院决定由中央财政发起、联合有意愿的金融机构共同设立国家融资担保基金，首期募资不低于 600 亿元，今后 3 年累计可支持相关担保贷款 5000 亿元。采取股权投资、再担保等形式支持各省（区、市）开展融资担保业务，对创业创新企业会给予重点支持。2018 年还是金融监管体制改革的重要一年，我国金融监管体制变为了"一行两会"，央行与银保监会、证监会的职责深度整合调整，进一步加强对金融行业的监管和指导。监管体制和监管政策的调整会加强对金融市场的管理，限制资金在金融市场空转，促使资金更多流向实体经济，尤其是发展态势良好的新兴产业。先进的业态和优秀的企业会进一步成为各路资金追捧的对象。

为了加快培育形成经济新动能，催生新产业发展，2018 年内将设立国家战略性新兴产业发展基金。据预测国家战略性新兴产业发展基金规模有可能达到万亿级，会以金融杠杆效应撬动更多资金进入新兴产业领域，使金融业成为推动产业优化升级、调整经济结构的有力工具。

（四）新兴产业国际竞争日趋激烈

新兴产业是未来全球经济竞争的重要战场，世界主要国家对新兴产业均十分重视，采取了各种各样的举措发展新型经济和新兴产业。美国推出联邦层面的制造业战略——先进制造伙伴计划（AMP，Advanced Manufacturing Partnership），通过构建国家级的创新网络、构筑创新人才渠道以及改善商业环境等方面的关键措施，持续保持美国在全球创新方面的领先优势。德国则在《德国 2020 高技术战略》中提出包括"工业 4.0"在内的十大未来项目，以提升德国制造业智能化水平，改变生产和服务模式，全面提高德国制造业竞争力水平。日本、英国、俄罗斯等国也提出了类似的制造业和高新技术战略。

在这些战略的指引下，发达国家新兴产业蓬勃发展。在自动驾驶领域，以谷歌、优步等为代表的美国企业已经进行了大量研发和测试，在实际道路行驶里程数以百万公里计。德国也已通过立法，给予自动驾驶汽车合法地位。在新能源领域，美国"页岩气革命"取得了显著突破，美国出产的天然气价格大幅下降，整体碳排放量也出现了下降。此外人工智能、生物医药、新材料、新型显示等产业领域也都出现了类似的突破……这些技术突破和产业创新是在外国政府和企业的共同努力下取得的，也给我国政府和企业带来强大的竞争压力，2018年，在这些领域仍然会存在激烈的技术和市场竞争，我国需要保持科技投入强度和增长，持续改善创新创造环境，以应对国际新经济、新产业和新技术的竞争。

二、政策措施建议

（一）注重重点新兴领域立法研究

应高度重视新兴产业及相关领域立法研究，推动重点立法进程。随着智能网联汽车、大数据、人工智能等产业和技术快速发展，不断地提出新的法律问题，对既有法律体系和秩序都构成了一定的挑战。新兴产业的国际竞争已不仅是技术的竞争，同样也是法律和制度环境的竞争。一套鼓励创新、宽容失败，能及时迭代更新的法律系统必然会使一个国家迸发出更强的创新创造活力，激发创新者的创造热情。

在交通领域，自动驾驶技术已开始实际道路测试，但自动驾驶汽车上路行驶仍面临着诸多法律障碍。具有自动驾驶功能的汽车上路资质仍然处于不确定之中，高速公路测试仍为道交法条例所禁止，高精度地图的绘制和使用仍面临一些限制，这些相关法律都亟须做出调整，为自动驾驶技术解绑。在数据领域，数据交易规则亟待建立，网络安全和信息保护制度需要进一步完善，数据跨境流动机制应加快建立。

（二）提升科技成果转化便利度

破除科技成果转化体制机制障碍，使科技成果转化更加便利。全面梳理科技成果转移转化制度存在的问题，落实相关法律法规政策，组织各类科技和产业资源实施促进科技成果转移转化行动。加强落实各项科技成果转化改革措施，加快建立科技成果转移转化绩效评价和评估制度，切实提高科研人员成果转化收益分享比例，激发科研人员创新和转化热情。发挥国家级制造业创新中心的示范引领作用，引导有条件的高校和科研院所建立专业化、市场化的技术转移机构，加强战略性新兴产业科技成果发布管理，优先在战略性新兴产业相关领域探索建设科技成果限时转化制度。

（三）加强新兴产业知识产权保护力度

针对新兴产业发展特点，调整相应的知识产权保护规则。要密切跟踪新技术、新业态、新模式的发展创新，加强智能制造、工业互联网、大数据等领域知识产权保护规则研究，探索创新商业模式知识产权保护、商业秘密保护、专利保护等相关法律法规。提高知识产权保护救济效率，建设知识产权快速维权机制，加快建设若干快速维权中心。加大对侵犯知识产权行为的联合惩戒力度，将侵权主体纳入社会信用记录，加大知识产权侵权行为的违法成本，依法严厉打击侵犯知识产权犯罪行为，加大海关知识产权执法保护力度，加强知识产权跨境流动管理。

加大对新兴产业知识产权的支持力度。进一步实施战略性新兴产业知识产权战略推进计划，在战略性新兴产业集聚区部署知识产权服务链，推动建设一批知识产权优势集聚区。建设战略性新兴产业突破性专利分析及动向监测，及时跟进国内外重要技术创新和知识产权成果。探索建立海外知识产权追踪体系，研究汇总海外知识产权环境信息，跟踪国际重点产业领域知识产权发展情况，对海外知识产权引进、合作和相关并购予以支持。

第七节　2018年工业设计产业发展展望及政策建议

一、趋势展望

（一）包容性将成为主流趋势

设计是为了推动人类更好地发展。当我们设计时，不管是做城市设计还是产品设计，面对的真正挑战是要考虑到所有用户，越来越多的行业都在往更具包容性的方向发展着。对于设计的包容性，最大的挑战是该从什么着力点出发。有些组织倾向于更加人性化的设计，但是更多的企业是为了用包容性的设计将最好的产品推广到更广泛的人群中。

（二）人工智能等技术与设计深度融合

设计作为一种实践手段将会像神经元和人工智能一样飞速发展。人工智能设计将成为人工智能行业的新角色，就像电影导演在制作电影中扮演的角色一样，人工智能设计师将带领多学科团队进入人工智能时代。设计会在人工智能推广的过程中起到关键性的作用。

（三）后扁平设计时代逐步来临

不管是使用插图还是用户界面设计，设计正逐步走向后扁平时代，在后扁平时代（post - flat），设计师接触到的是一个共感的世界：人们越来越多地想要表达，想要碰触，想和界面产生关联和互动。未来设计的技术边界将进一步模糊，开始渗透并融合到人们的日常思维当中。

（四）大数据正不断改变设计方式

随着技术的不断发展，人们已经能够获得大量的可视化数据，如何提升处理自身数据的能力成为未来设计发展的重要课题。我们已经达到了一个数据应用的转折点，需要更多的软硬件场景配合来提升设计的能力和水平。

二、政策措施建议

（一）加大政策支持力度

加强顶层设计。加快出台新形势下推动工业设计创新发展的指导意见，完善国家层面的相应法律法规，出台相应配套的政策措施。合理利用世界工业设计大会促进国际交流和产业合作。利用国际工业设计展、中国工业设计展等展览活动扩大和推动工业设计理念的宣传和普及。利用国家级工业设计中心认定工作充分发挥工业设计中心的示范引领和带动作用。利用国家优秀工业设计奖激励和激发社会公众参与和支持工业产业发展的积极主动性。利用国家工业设计研究院等研究机构的设立推动工业设计基础性工作的开展。加快推动工业设计与其他相关产业的互动融合与发展。加大工业设计在产业、财税、信贷、金融等方面的政策的支持力度，加强工业设计的科技支撑，为工业设计的有效快速发展注入资金活力和技术力量。

（二）加快人才队伍建设

突出发挥领军人才作用，鼓励有条件的企业通过技术入股、股权奖励、期权激励等方式引入国际高端技术团队和行业领军人才。通过形式多样的培训和专题讲座，开展工业设计先进理念和技术的推动工作。为促进企业创新思维模式的转变，培养工业设计人才。探索设计师职业资格评定工作。完善工业设计培育体系，保障工业设计人才需求。鼓励高校、职业培训院校、社会培训机构与工业设计产业发展对人才的需求对接，开展多层次、多类型的工业设计专业教育。

（三）加强公共服务平台建设

支持产业园区建立专业设计企业孵化器，通过短期无偿提供办公场所、设计条件等方式，吸引工业设计团队、创业工作室、专业设计人才进驻园区创业发展。以优势产业园区为依托，引导专业设计企业集聚发展，建立具有辐射效应和竞争力的工业设计示范基地，并在产业园区发展引导资金方面给予优先支持。积极搭建工业设计网络服务平台，组建由设计人员、设计机构和网络公司共同投资的营运公司，构筑集信息、交易、服务等主要功能于一体的工业设计交易网络平台，与工业设计服务链有效结合。支持建设工业设计大赛及工作坊活动成果线上展示和线下交易对接平台，依托各类众筹网站开展大赛作品产业化众筹，最大限度实现大赛成果应用转化。

（四）提升创新设计能力

建立实用高效的工业设计基础数据库、信息资源库等，并提供多方位、跨学科的产品设计研发服务，支撑广大中小微企业设计创新。加大知识产权保护力度，着力开展工业设计相关知识产权战略培训工作，加大对侵犯知识产权行为的查处力度，规范工业设计企业的经营行为，维护公平有序的竞争秩序。用好用活资本市场的力量，采用兼并重组等多种形式，借鉴先进经验，学习先进技术，加快集成创新和引进吸收消化再创新能力。树立品牌意识，努力增加产品品种和设计方案的多样性，提升产品品质，充分发挥市场外溢效应，提升工业设计的国际化程度和市场竞争力。

参考文献

［1］吴敬琏等：《供给侧改革：经济转型重塑中国布局》，中国文史出版社 2016 年版。

［2］吴敬琏、厉以宁、林毅夫等：《国家命运：中国未来经济转型与改革发展》，中央编译出版社 2015 年版。

［3］林毅夫：《新结构经济学，反思经济发展与政策的理论框架》，北京大学出版社 2014 年版.

［4］周凯歌、卢彦：《工业 4.0：转型升级路线图》，人民邮电出版社 2016 年版。

［5］王岳平：《中国经济转型丛书：中国产业结构调整和转型升级研究》，安徽人民出版社 2013 年版。

［6］苗圩：《构建立体高效制造业创新体系》，《联合时报》2017 年 5 月 26 日。

［7］苗圩：《加快制造强国和网络强国建设步伐》，《学习时报》2018 年 3 月 30 日。

［8］苗圩：《深化改革创新　促进融合发展　为加快建设制造强国和网络强国不懈努力》，《中国工业报》2016 年 12 月 27 日。

［9］黄群慧：《振兴实体经济要着力推进制造业转型》，《经济日报》2017 年 2 月 10 日。

［10］黄群慧：《以供给侧结构性改革完善制造业创新生态》，《光明日报》2016 年 4 月 27 日。

［11］尹训飞：《制造企业如何占领三个"制造高点"》，《中国工业评论》2017 年第 11 期。

［12］张辽、王俊杰：《"两化融合"理论述评及对中国制造业转型升级的启示》，《经济体制改革》2017 年第 3 期。

［13］门峰、王今：《中国汽车产业结构调整研究》，《汽车工业研究》2011 年第 5 期。

［14］居桦：《中国汽车产业结构优化及升级研究》，《岭南师范学院学报》2015 年第 6 期。

［15］工业和信息化部：《〈乘用车企业平均燃料消耗量与新能源汽车积分并行管理办法〉解读》，http：//www. miit. gov. cn/n1146295/n1652858/n1653018/c5826370/content. html，2017 年 9 月 28 日。

［16］工业和信息化部：《〈增材制造产业发展行动计划（2017—2020 年)〉解读》，http：//www. miit. gov. cn/n1146295/n1652858/n1653018/c5956731/content. html，2017 年 12 月 13 日。

［17］工业和信息化部：《2017 年新能源汽车发展势头强劲》，http：//www. miit. gov. cn/n1146312/n1146904/n1648362/n1648363/c6012575/content. html，2018 年 1 月 15 日。

［18］中国工业和汽车协会：《2017 年全国汽车商品进出口形势简析》，http：//www. caam. org. cn/zhengche/20180209/1605215569. html，2018 年 2 月 9 日。

［19］国务院关于深化"互联网＋先进制造业"发展工业互联网的指导意见，http：//www. gov. cn/zhengce/content/2017 – 11/27/content＿5242582. htm，2017 年 11 月 27 日。

［20］国务院办公厅关于积极推进供应链创新与应用的指导意见，http：//www. gov. cn/zhengce/content/2017 – 10/13/content＿5231524. htm，2017 年 10 月 13 日。

［21］浙江省人民政府办公厅：《浙江省人民政府办公厅关于进一步提升工业设计发展水平的意见》，http：//www. zj. gov. cn/art/2017/10/25/art＿32432＿294671. html，2017 年 10 月 19 日。

［22］河北省人民政府：《河北省人民政府印发关于支持工业设计发展若干政策措施的通知》，http：//www. gov. cn/zhengce/content/2017 – 10/13/content＿5231524. htm，2017 年 10 月 16 日。

［23］山东省经信委、山东省财政厅：《关于推进山东省工业文化发展实施意见》，http：//www. bzeic. gov. cn/nsjg/cyzc/zcjd/2017 – 08 – 17/2062. html，

2017 年 8 月 17 日。

　　[24] 江西省人民政府办公厅：《江西省人民政府办公厅关于加快工业设计产业发展的实施意见》，http：//xxgk. jiangxi. gov. cn/bmgkxx/sbgt/fgwj/gfxwj/201709/t20170928_ 1398140. htm，2017 年 9 月 28 日。

　　[25] 2018 建材行业供给侧优化改革将进一步深化，http：//www. gelinya. com/Article/2018jcxygg_ 1. html.

　　[26] 新华社：《政府工作报告 2018》，http：//www. gov. cn/premier/2018 - 03/22/content_ 5276608. htm.

　　[27] 新华社：《政府工作报告 2017》，http：//www. gov. cn/premier/2017 - 03/16/content_ 5177940. htm.

　　[28] 《2017 年度世界 500 强企业发布中国 115 家企业上榜》，见：ht- tp：//news. china. com/international/1000/20170817/31111834. html。

后 记

2017 年，党的十九大胜利召开，对我国经济社会发展具有里程碑意义，产业结构调整取得了显著成效。《2017—2018 年中国产业结构调整蓝皮书》是工信部赛迪智库产业政策研究所编著的产业结构调整蓝皮书系列的第六本，对 2017 年我国产业结构调整相关政策和进展情况进行了分析总结，对 2018 年发展趋势进行了展望。

本书由王鹏担任主编，郑长征担任副主编。全书具体撰写人员及分工如下：第一、十章由韩娜撰写；第二章由王兴杰撰写；第三章由尹训飞撰写；第四章由田帅撰写；第五章由张学俊撰写；第六章由郗彦辉撰写；第七章由李扬帆撰写；第八章由杨帅撰写；第九章由张亚鹏撰写；第十一章由张希撰写；第十二章由何继伟撰写；第十三、十四章由上述研究人员合作撰写。在本书编写过程中，得到了工业和信息化部相关领导、行业协会以及企业专家的大力支持、指导和帮助，在此一并致以最诚挚的谢意！

2018 年是我国全面深化改革的关键之年。我们将把改革、创新、开放、融合的战略思维贯穿于产业经济研究之中，更加积极地关注和思考新形势、新情况、新问题，为我国的产业结构优化升级、提升我国产业竞争力提供有力的决策支撑！

思想，还是思想
才使我们与众不同

编 辑 部：工业和信息化赛迪研究院

通讯地址：北京市海淀区万寿路27号院8号楼12层

邮政编码：100846

联 系 人：王 乐

联系电话：010-68200552 13701083941

传　　真：010-68209616

网　　址：www.ccidwise.com

电子邮件：wangle@ccidgroup.com

面向政府　服务决策

咨询翘楚在这里汇聚

信息化研究中心	工业化研究中心	规划研究所
电子信息产业研究所	工业经济研究所	产业政策研究所
软件产业研究所	工业科技研究所	军民结合研究所
网络空间研究所	装备工业研究所	中小企业研究所
无线电管理研究所	消费品工业研究所	政策法规研究所
互联网研究所	原材料工业研究所	世界工业研究所
集成电路研究所	工业节能与环保研究所	安全产业研究所

编 辑 部：工业和信息化赛迪研究院
通讯地址：北京市海淀区万寿路27号院8号楼12层
邮政编码：100846
联 系 人：王 乐
联系电话：010-68200552 13701083941
传　　真：010-68209616
网　　址：www.ccidwise.com
电子邮件：wangle@ccidgroup.com